帝国のカーブ

「超限戦」時代に見る
アメリカの「金融戦」の本質

The Curve of Empire

Qiao Liang

喬良　劉琦 訳

KADOKAWA

日本語版への序文

本書はイタリア語に続いて、日本語で翻訳出版される運びとなった。母国語で書いた著書がほかの言語に翻訳され、広く伝えられることは、著者にとってはまことに光栄である。

本書のテーマはいうまでもなくアメリカである。アメリカを崇拝しようと軽蔑《けいべつ》しようと、あるいは、親近感を持っていようと嫌悪感を持っていようと、現在の世界に生きている人間が国際問題を議論する時に、アメリカは避けては通れない国である。

アメリカは現代版のローマ帝国である。アメリカは帝国ではあるが、伝統的な意味でいう帝国とは異なる。「アメリカは帝国である」とは、すべての帝国と同様に拡張的な性質を持っているからである。「伝統的な意味でいう帝国とは異なる」とは、その拡張が国境を推し広げ領土を拡大するという方法を取らず、米ドルや資本、金融ツールを用いて拡張しているからである。これがアメリカ独特の帝国のパターンなのである。

アメリカは、強大な軍事力によって米ドルの覇権を守り、テクノロジー・イノベーションをリードしさえすれば、資本を通して全世界の資源と製造業を牛耳って、永遠に国際社会の頂点に立つことができると考えている。この発想と設計は第二次世界大戦の終結と同時に始まり、冷戦の終結前に完成した。アメリカは半世紀にわたって、この戦略のロードマップに沿って自らを資本主義の最終段階、すなわち金融帝国主義まで押し上げた。そのため、アメリカは最終段階のローマ帝国となって、自滅すると同時に、３００年間も栄華を極めた資本主義をも崩壊させてしまうかもしれない。

この半世紀以上の間、米ドルを使って全世界から利益を手に入れるために、アメリカはまずグローバル化を主導した後に、また反グローバル化を推進した。そのすべての策略と運営はいずれも自国の利益獲得のための取捨選択なのである。アメリカの利益になるから積極的にグローバル化を推進したものの、アメリカに不利になるとグローバル化をぶち壊した。グローバル化は成功も失敗もアメリカ次第だと言ってもよいであろう。

グローバル化の本質は、資本が国境を超えて利益を探し求めるプロセスなのである。その結果は必ず文化の境界線の曖昧《あいまい》さ、文明の境界線の曖昧さ、国境の曖昧さ、愛国心の衰退、血縁関係の融合をもたらす。人類史上において、帝国の拡張は常に大きな融合と混乱の潮流を引き起こした。秩序から無秩序へ、そして融合から混乱へと。最初は帝国のコントロールの範囲内にあり、すべての秩序が維持され、エネルギーの放出と利益の獲得が正比例であった。しかし、時間と空間の広がりにともなって、すべてにおいて限界効果が逓増から逓減に変わり、量的変化から質的変化になっていく。帝国は収入が支出に追いつかなくなり、ポンジ・スキーム効果が出現し、ますます秩序を失い、混乱に陥っていく。そしてついに逆転が生じて、中心に向かって崩壊していくことになる。

否定できない事実であるが、西側社会は1000年にわたってキリスト教的な思想に支配されていたので、理想主義者であって慈悲深い敬虔《けいけん》な信者が多く、自分は他人を苦難から救えるのだと考えていた。しかし、このような気持ちは、資本の利益最大化を追求する資産家たちや、国家の利益最大化を追求する政治屋たちといった西側諸国の支配階級によって利用されてきた。「普遍的価値」という旗の下で、すべての非西側国家に対する国家転覆、侵略、略奪が行われてきた。たしかに最初はごく少数の人たちは大きな利益を手に入れた。ところが、彼らには、すべての事物はニュートンの「作用反作用の法則」にしたがうという予想ができなかった。非西側国家に対する国家転覆、侵略、略奪のツケが、最終的にはさまざまな形で西側諸国に回ってきた。近年、ヨーロッパの国々に押し寄せてきた難民の波や、アメリカで起きている「Black Lives Matter」（黒人の命は大切だ）運動、ヒスパニック系移民がアメリカの白人社会に与える衝撃などがそのことを示しているのである。

マージナルな国や破綻《はたん》した国に災難を作り上げたものは誰なのか？　現在の世界的な無秩序と混乱は実は、アメリカやヨーロッパ諸国が全世界から利益を手に入れるために、手段をいとわず（カラー革命や戦争）に非西側国家の秩序を乱した結果であり、また、非西側国家の動乱が逆に（大量移民や大量難民、さらにテロリズムの形で）西側諸国に問題をもたらした、まさに因果応報と言えよう。しかし、アメリカやヨーロッパ諸国はこのことを認識していないようである。

今、ロシア・ウクライナ戦争はすでに半年続いているが、その理非曲直についての判断より、戦争が世界情勢をいかに変えていくのかということに対する判断の方がはるかに重要になっている。

　ほとんど断定してもよいが、この戦争をきっかけに、今後の世界は仁義なき戦いの幕開けを迎えるであろう。冷戦後に確立した米ドル主導の国際金融システムと世界秩序は、崩壊のカウントダウンを始めようとしている。ロシアに対する米欧からの不当な制裁（個人財産の凍結や没収）は資本主義社会の礎を壊した。すなわち、「私有財産の不可侵権」という西洋文明の根本が台無しにされた。非道義的な方法で非道義的なものを罰するやり方は、この世界をもっと悪くするだけである。３００年間も世界秩序を主導してきた西洋文明の主導権はこれで終焉《しゅうえん》へと向かい、新しい世界は30年～50年後に出現するであろう。それまでは混乱、激動、無秩序が国際社会の主旋律になっていくのであろう。

　今、世界のいたるところで形こそ異なれ、破綻や崩壊が進行している。ロシア・ウクライナ戦争はその進行を加速する触媒にすぎない。これと同時に、アメリカ主導のＩＴからＡＩに至るまでの革命は、生産方式から経済モデルに至るまでの革命を引き起こしている。今はデジタル（ＡＩ）経済が伝統的な経済の全領域を席巻《せっけん》しており、相容《あいい》れないすべてのものを変えていくか、淘汰《とうた》してしまう。それと同時に、嵐にさらされている人類社会に災難や苦境から逃れる新しい可能性をも提供している。ただし、この世界がロシア・ウクライナ戦争から誘発される大規模な戦争によって滅びなければ、である。

　ところが、皮肉なことに、アメリカがこのような革命をリードしてきたにもかかわらず、真っ先に衝撃を受けたのはアメリカ自身の経済と社会である。表面上では、アメリカは人種の対立や階級の分裂、政党間の権力闘争に悩まされ、内紛に陥っているが、深層にある本当の原因は、アメリカの現在の伝統的な金融経済モデル、および政党間の権力闘争に明け暮れる政治体制が、すでに資本主義の新しいデジタル経済モデルに適応できなくなってきているところにある。これこそが、私たちがアメリカを観察して、この帝国の「繁栄から衰退へと向かう」放物線から見出《みいだ》した教訓と啓発の意義である。

末筆ながら、株式会社KADOKAWAおよび本書の訳者・劉琦《りゅうき》氏に感謝の意を表したい。

退役空軍少将　喬良《きょうりょう》

2022年8月18日　北京《ペキン》にて

序文　帝国が時代遅れの話題となろうとしている時

「帝国」は1000年に跨《また》る話題である。これは1000年さらに再びの1000年にわたって、東西を問わず人類社会に影響を与え、人々を魅了している。

今日新たなる1000年がまた幕を開けたが、帝国の新たなる幕開けではなく、幕は徐々に下りているのである。古代の秦《しん》帝国やローマ帝国から現代の大英帝国、アメリカ帝国まで、波乱万丈で壮大な歴史劇はついに終焉《しゅうえん》を迎えようとしている。

振り返ってみると、それぞれの帝国の歴史は千差万別ではあったが、どの帝国もたどり着いた軌跡は驚くほど似ている。どれも永久不変の放物線を描いているのだ。これこそ帝国の興亡の道ではないだろうか？　ある意味では、答えはそのとおりだ。しかし、もしこの放物線をもってすべての帝国の興亡を解釈するならば、太陽が毎日東から昇り西に沈むという当たり前の話となんの変わりもないではないか。

すなわち、そこにはきっとより本質的なものが各帝国の軌跡を左右しているはずである。あたかも万有引力が私たちの呼吸、速度、力そして命の長さを左右しているのと同じように。ただし、その軌跡が私たちに伝えているものは複雑すぎて、ほとんどその存在すら感じとることができない。その「複雑性」は物事の本質に関する私たちの洞察力を遮ってしまい、アブノーマルな事件や人物が「出現した」時に私たちははじめて、今まで見過ごしていた事象に気づく。

そして多くの事象の一つ一つをつないで一本の長いチェーンにすると、いわゆる帝国の歴史を含む「歴史」が見えてくるのである。

この時、私たちの目線は「百家争鳴」「商鞅《しょうおう》の変法」「秦国による中国統一」、または「アレクサンドロスの東方遠征」「カンネーの戦い」「コロンブスの新大陸発見」「フランス革命」、そして第一次世界大戦と第二次世界大戦等、歴史の方向を変えた重大事件に注がれ、あるいは秦の始皇帝《しこうてい》、カエサル、ハンニバル、ナポレオン、毛沢東《もうたくとう》、ルーズベルトなど個人の力で新しい歴史を切り開いた偉人に向けられるようになる。これらの事件や人物の「出現」は私たちがよく知っている人類社会の歴史を動かしたのである。

しかし、これらの重大事件や偉人たちの後ろで、いったい誰が歴史を押し動かしていたのかを私たちは知らない。

実は私たちは、カエサルや秦の始皇帝の出現前にすでに青銅器あるいは鉄器があったこと、チンギス・ハンより先にあぶみや火薬があったこと、世界貿易と「太陽の沈まぬ国」以前に蒸気機関が発明されていたこと、そして金融覇権とグローバル化以前には米ドルと金の交換が停止されたことなどを歴史として理解していない。

私たちは、技術こそが歴史をつくり、そして歴史を変えていること、技術は歴史的な事件や歴史に名を残している人物よりも先に出現し、歴史を牽引《けんいん》していることをあえて口にしたくない。なぜなら、如何《いか》なる技術も人間のぬくもりを欠き、歴史的な事件や歴史に名を残す人物のようにロマンチックでもなければドラマチックでもないからである。

私たちは、自ら発明した技術に支配され、自らの運命を変えられ、その運命から逃れられなくなっていることを認めたくない。

私たちは技術を、人類が利用できるツールだとしか考えていない。

私たちは、一つ一つの革命的な技術がわれわれのものの見方に影響を及ぼしたり認識を塗り替えたり、われわれの世界観、価値観、歴史観を建て直したりしていることに気づかないでいる。

私たちは、技術が最初は狩猟と戦争を通して、その後農耕と工業生産を通して、そして今は金融とコンピューターを通して人類の富の追求を手伝ってきたと同時に、人間関係や民族関係、それに国際関係にも重大な影響を与えている、ということを忘れている。

さらには自分の感情や恋心を伝える手段も技術の進歩によって、月や雁《かり》に喩《たと》える遠回しな表現からインターネットでデートを約束するようなストレートな形に進化している。

実は、人類の進化の歴史を見れば、人間は技術に支配されていると言っても過言ではない。ご主人様が常にずる賢い使用人に翻弄《ほんろう》される状況と同じだ。

今日になって、人類はまたしても技術によって「創世記」のような変化を押し付けられている。かつて蒸気機関が中世から脱出したばかりのヨーロッパを資本主義社会へ引きずっていったように、現在のインターネットも東西を問わず、全世界を無理やりにまだ名前が付いていない社会へと引きずり込もうとしている。

インターネット技術の進歩と普及にともない、そこから派生する新しい技術がすべてエンジンを全開にして、未曽有《みぞう》の時代へ向かって暴走しはじめている。社会の変化に必要な二つの要素、すなわち生産方式と交易方式の変化はすでに整っている。これは人類社会のパラダイムシフトが想像を超える形で出現するであろうことを意味している。人類社会の発展を200年間も牽引し、そして中国がようやく加わりはじめたばかりの主流世界の発展モデルはもう終焉を告げようとしており、新しい時代の幕はすでに上がりつつあるのだ。すべてが突然すぎて、不意打ちをくらった全世界はこのような変化を迎える心の準備がまだできていなかった。

技術はまたもや人類の覚醒《かくせい》の前を疾走している。

言うまでもなく、この変化を引き起こしたのはアメリカである。アメリカの二つの技術は世界に大きな影響を与えた。一つは金融技術であり、もう一つはITである。さらに前者は後者の力を借りて米ドルのグローバル化を推進し、世界のすみずみまで覆い尽くす金融帝国を築き上げ、地球をアメリカの金融植民地に変えた。ただし、なに事も「極点に達すれば必ず逆の方向へ転換する」ことは自然界の法則であり、この自然界の法則は人間社会で言えば「繁栄を極めたあとは必ず衰える」ことになる。アメリカはこのことを誰よりも熟知しているはずだ。そのため、アメリカは必死になって新しい技術を開発し軍事力を増強しなければならない。ハイテクを備えた、他の追随を許さない軍事力をもって、いかなる挑戦者にも抑止力を働かせ、帝国の支配を他者にゆずらないようにしている。今のところ、アメリカはほぼ思い通りにできている。

ところが、やはり予想外の状況が発生してしまった。アメリカを倒す力などどこにもないと思った矢先、アメリカが自分自身を倒す可能性が出てきたのである。技術の歴史を見れば、過去100年の間に、アメリカが世界のために果たした最大の貢献はインターネットの発明である。しかし、誰が予測したであろうか、アメリカが誇りに思ったこの画期的な技術こそ、アメリカが自らのために掘った「帝国の墓穴」となることを。すなわち、インターネットの発展は必ずや「中心離れ」と「貨幣離れ」という二つの結果をもたらし、アメリカの最も重要な二つの特権である「政治の覇権」と「通貨の覇権」の弱体化ないし喪失が避けられないのである。なぜなら、インターネットの基本的な機能である情報の共有は情報の独占を不可能にするか、少なくとも最小限に抑えるからである。これによって帝国の覇権を含むすべての権力は存続できなくなる。つまり、すべての権力は情報の独占を土台に成り立っているため、その独占を失うと権力も自《おの》ずと崩壊する。

これはポストアメリカとしての帝国がもうありえないことを意味し、また、覇権の移り変わりも大国間だけのゲームではなくなることを意味する。権力の分散が世界情勢の再構築の主題となる。

現在の世界を牛耳るアメリカは明らかにこうした情勢に対して心の準備ができていないし、心の準備をしようというつもりもないようである。これは、アメリカのトップクラスのブレーンたちが「トゥキディデスの罠《わな》」をめぐって議論をくり返していることからも、アメリカ人の今の心理状態がうかがえる。しかし残念ながら、彼らは「剣が川に落ちた時に船べりに印をつけて、（船が移動していることを考えず）対岸に到着してから船べりの印をたよって剣を捜す」という大昔の笑い話に出てくる人物のように杓子定規《しゃくしじょうぎ》だ。相手を封じ込めれば帝国の地位を永遠に守れるという考え方らしい。

しかし、いかなる個人、いかなる組織、いかなる国家も時代の流れに逆らうことはできない。とりわけ時代の流れが加速している現在はなおさらである。アメリカも中国もできない。

時代の流れは世界にそして中国にも、帝国主義の道が行き詰まっていることを明確に示している。アメリカがそれでも頑《かたく》なに突き進むか否かにかかわらず、中国は別の道を模索しなければならない。別の道とはなにか? 中国では今「鳥かごを空けて鳥を入れ換える」(訳者注:低付加価値の労働集約型から知識集約型への転換を図る産業構造政策)という言葉が流行《はや》っているが、私に言わせれば、鳥ではなく「思考法を切り換える」ことが急務である。まず冷静に考えるべきは、歴史上でくり返されていた「トゥキディデスの罠」に中国は絶対に再び陥ってはいけないこと、後発優位性を利用して伝統的な帝国に決して挑戦してはならないことだ。もちろん競争を完全に避けることは不可能であるが、少なくとも新しい時代の扉が開かれつつあり、人類がすでにその入り口に片足を踏み入れた今は無謀な挑戦は禁物である。

すなわち、われわれが将来の勝利を目指すために、今は忍耐が必要だ。

現在の世界は不況の嵐が吹き荒れ、先進国と先進国の間および先進国と途上国の間では「我慢比べ」の惨状が続いている。誰がより我慢強いかを比べ、我慢できなくなる方が先に倒れる。ここで中国はすべての力を振り絞って、どんな代償を払ってでも先に倒れないように我慢するしかない。他人が先に倒れたら自分に転機が訪れる。そして徐々に回復して高度成長の軌道に戻ることができるのだ。

中国の現在の国力ならば、中国を倒せるほどの力を持つ国はない。ただし、これは中国が倒される可能性がないことを意味しない。中国とアメリカについて言えば、中国にとっての脅威はアメリカの軍事力ではなく、金融に対するアメリカの支配なのだ。ここ40年ぐらいの間、アメリカは金融の魔法の杖《つえ》を使い、ドルの流動性を放出と減少のくり返しによって操作し、全世界の富を呑《の》み込んできた。このようなドルの流動性の周期律は一種の恐るべき「金融の呼吸」である。吐き出したり吸い込んだりしている間に、各国の経済はあたかも飼料を与えられ太ってから殺される羊のようになっている。現在まで何回もくり返され、毎回アメリカの計算どおりに運ばれている。たしかに理論上では「自分さえ倒れなければ倒されることはない」と言われるが、アメリカの「金融の呼吸」は、中国のもっとも脆弱《ぜいじゃく》なアキレス腱《けん》、すなわち投資市場を外国に開放したばかりの金融システムにとっては、「射られて倒れる」可能性は十分にあり、またアメリカはまちがいなくこのような金融の力を持っている。そのため、中国は自由市場を唱える経済理論を疑わずに受け入れ、「無防備都市」（訳者注：映画「Roma città aperta」）のローマのようになるわけにはいかないのだ。

私は不吉な予感がして憂慮に堪えなかった。これがこの『帝国のカーブ』を執筆する動機であった（訳者注：「カーブ」は上昇、繁栄、衰退、そして終焉という歴史的法則のことを指す）。時折自分の憂慮は杞憂《きゆう》にすぎないのではないかと疑っている矢先、全世界に混乱が広がりはじめた。内戦、テロ、株価暴落、難民、石油価格暴落、宗教紛争などいずれの混乱も資本の混乱にその発生源を見出《みいだ》すことができる。そして資本の混乱はすべて米ドルにつながっている。

　この本は世界の乱れた事象を見極め、冷静に判断を下すのに役立つかもしれない。とくに中国がアメリカおよび全世界と同じスタートライン（インターネット）に立ち、まだ不確定ながらもますますはっきり見えてくるゴールへ向かって全力で走っていく時に、水で頭を冷やすことが必要になるだろう。歴史はスターターピストルの引き金を引いた。すべての国は、大国、小国にかかわらずゴールを目指してわれ先にと走り出した。このように国家の命運がかかっている今こそ、冷静になれと私はわが国に一喝したい。十分な体力を備えていれば、冷静さこそが長距離走者のもっとも重要な素質である。自分が現在の「マラソン」でトップを走っているかどうかを気にする必要はない。最終的にゴールインさえできればよい。だから冷静さを保たなければならない。

まえがき　「9・11」はアメリカが衰退へと向かう転換点になった

2001年9月11日、ハイジャックされた3機の飛行機がアメリカのニューヨークの世界貿易センタービルとワシントンのペンタゴンに激突した。一つは世界経済の中心を象徴し、もう一つは世界最強の軍事力を象徴するものであった。世界貿易センタービルのツインタワーは炎の中で崩壊し、3000人近くもの人命が失われた。これはアメリカ史上最悪の同時多発テロであった。

テレビの画面に映るこの光景を見た私と『超限戦』(角川新書)のもう一人の著者・王湘穂《おうしょうすい》は、『超限戦』が不幸にもこのテロを予言したかのようなことに落胆した。多くの命が一瞬のうちに亡くなってしまう、世界を震撼《しんかん》させ心を痛める事件の前で、自分の予言が残酷な現実になってしまったことを誰も望んではいなかった。テロリストの残虐行為に対しては怒りと非難しかないのである。

20世紀が終わりを迎える頃、アメリカでは楽観的な人が多かった。当時のアメリカ人たちは、20世紀はアメリカの世紀であったのに続き21世紀もアメリカの世紀だと確信していた。ところが21世紀の幕が開いたとたんに、このような形で「アメリカの世紀」説が疑わしい結果になった。アメリカ人の心理状態が大きく揺るぎ、「無敵のアメリカ」という世間の見方も変わってきた。

「9・11」が発生した当時、アメリカの就業人口の70％が金融業や金融サービス業に従事していた。アメリカ人は長年にわたって特殊な生活様式を続けていた。すなわち収入より多い支出をしても他国の人より豊かな生活をすることができる。

このような生活様式はアメリカが特殊な製品「米ドル」を生産できることに依存している。今はグローバル化が歴史の潮流だと一般的に思われているが、実はこの歴史の潮流とは正真正銘の「アメリカ製」である。イタリアのミラノやフランスのパリが流行のファッションを創り出しているのと同じように、目下のグローバル化は米ドルが率いている、あるいは巻き起こしている「金融のファッション」である。このようなアメリカ人が設計し推進している「金融のファッション」は、実際には米ドルのグローバル化を通して、世界経済に対し新しい分業を行ったのである。アメリカは米ドルの印刷を担当し、全世界は米ドルと交換する製品の生産を担当する。

1971年8月15日、アメリカのニクソン大統領は金を交換する窓口の閉鎖を宣告し、米ドルと金の交換を停止した。この背信行為は、アメリカが自ら創設したブレトンウッズ体制を廃止したことを意味する（注1）。米ドルは金との交換が停止されたことによって金の束縛から解き放たれた。アメリカは理論上、ドルを自由に印刷する権力を手に入れたことに突然気づいた。たとえ実際にはあえて無制限にドルを印刷することはできなくても、この権力さえ持っていれば、金融における覇権を利用して世界各国を服従させることができるし、ドルをどんどん印刷すれば全世界から富を強奪することができるのだ。

この時から、アメリカは自国のローエンド製造業を斜陽産業として発展途上国に移し、高付加価値の産業だけを国内に留《とど》め、新興国家に自国の資源を大量に消耗させ、自国の環境を破壊させ、労働集約型産業によって血と汗にまみれる「人口ボーナス」を稼がせてきた。高い犠牲とコストを払って、新興国家がアメリカから得たのはコストが数セントしかない紙のドルであったが、アメリカはこれらの国から実物の富を持ち去った。

これは一種の略奪にほかならない。実はこのようなグローバル化は一部の後進国に貧困をもたらし、さらに国の破産まで引き起こす。また多くのテロリズムが発生する温床をつくる。今日の世界では、グローバル化の恩恵を受けたくない人などいない。もしグローバル化に取り残された多数の人がやむを得ず沈黙を選んだのならば、抵抗を選ぶ少数の人も必ずいる。これらの人の抵抗手段は「手段を選ばない」ことなのかもしれない。ある意味では、ビンラディンも抵抗者の一員である。

グローバル化に対するビンラディンの理解は間違っていないのかもしれない。彼の間違いは一般人を殺戮《さつりく》するやり方で強権と横暴に対して反抗したことにある。これは間違いを超えた犯罪だ。コソボやアフガニスタン、そしてイラクで一般人を殺戮する行為と同じように、間違いであるだけでなく犯罪なのである。テロリズムとはある意味では絶望主義である。テロリストが最初にアメリカを襲撃の目標として選んだのは、通常の意味で言う「文明の衝突」ではない。この点においてアメリカは反省すべきである。

ビンラディンを殺害することは然《しか》るべきことだったかもしれないが、アメリカがなにをやっても正義のためならお咎《とが》めなしというわけではない。しかし残念ながら、毎年アメリカ政府が行う「9・11」記念活動では、これについての反省はまったく見られない。毎回の記念活動はひたすら他人に対する非難に終始している。

今までアメリカはテロリズムに対して警戒や打撃を続けてきたが、テロリズムが発生する深層の原因については一度も真剣に考えていない。アメリカはテロリストの幹部の隠れる場所の追跡やアルカイダの組織構造の解析を行い、そして彼らを殺害する方法の考案など、具体的なテロ対策に力を入れている。しかしテロリズムがなぜ起きているのか、なぜ世界中に広がっているのか、またなぜテロが主に西側諸国へ矛先を向け、とくにキリスト教の国々の安全に大きな脅威を与えているのかに関しては、研究と反省をまったく行っていない。

アメリカと西側諸国に向けられるテロ行為は宗教や文化の違いから生じたものだけではなく、またブッシュ・ジュニアが述べたようなアメリカの自由と民主主義への敵視によるものでもない。これについて、アメリカをはじめとする西側諸国の政治屋たちおよび多くの国民は、理解していないか、または認めようとはしない。

もっとも、認めるか否かにかかわらず、「9・11」テロ事件はアメリカの国運を変えてしまったと同時に、世界の歴史をも書き換えた、という事実は誰も否定できない。「9・11」テロ事件がもたらした最も深刻な結果は、世界貿易センターのツインタワーの倒壊ではなく、超大国アメリカの、一撃にも耐えられない弱点を暴露し、その上アメリカ人の考え方を変えたことである。「9・11」後のアメリカは焦り、度量の欠如、暴力、報復、不寛容などがますますひどくなっている。これは決して良い兆候ではない。なぜなら行動を選択する際に理性を失い、歪《ゆが》んだ行動を取りやすいからである。このような変化は当然、世界に与えるアメリカのイメージ・ダウンにもつながる。

あたかも泣き面に蜂のように、「9・11」テロ事件からわずか6、7年経ったころに、アメリカはまた全世界を巻き込んだ金融危機に見舞われた。このサブプライムローンを発端とした金融危機は、株価が急落するが如く金融帝国の真相を露《あら》わにした。人々がどんなに何度も起死回生した不死鳥のようなアメリカの生命力を信じても、たとえ今回もまた金融危機を乗り越えられたとしても、再び唯一の支配者の座に戻れるであろうか？　すべての帝国が頂点から没落へ向かって歩むことは歴史の必然である。アメリカだけが例外になるであろうか？　通貨の覇権を主な利益獲得の方法とした結果、実体経済が二度と回復できないほど産業の空洞化をもたらしたこと、資産経済のゲームに熱中するあまり経済が行き詰まったこと、国家債務の上限額をくり返し引き上げても「借金に頼って生活を維持する」という本質的な問題を一向に解決できないこと、さらに新興国家が次々と高度成長を実現しているのに、これらの国の発展を妨げて封じ込める手段しか取れないことを見れば、アメリカが生き生きとして希望に満ちた国であり続けられるとは思えない。

目次

帝国の歴史
古い欧州の没落とアメリカの勃興

アメリカは帝国だろうか？　そうだと答える人もいれば、そうではないと答える人もいるだろう。アメリカは以前のいかなる帝国とも異なり、海外に植民地を一つも持っていないし、戦争を通して占領した国から公然と資源や財産を略奪せず、また占領地の人を奴隷のように酷使していない。これらの点を見れば、まったく帝国には見えない。しかし、これによってアメリカは帝国ではないと判断すれば、アメリカはなぜ覇権を執拗に追い求め、そしてこの覇権を確実に手に入れたのだろうか？　現在までの40年余りにわたり、アメリカは米ドルを用いて金融システムを構築し、全世界を人類史上類を見ない金融文明へと導き、全世界から利益を獲得してきたのだ。それでは、アメリカはいかにして有史以来最も強大な新興帝国になったのであろうか？

すべての帝国は必ず覇権を追求し行使する。しかし覇権の核心とはなんだろうか？　覇権の最終目標とはなんであろうか？　その目標を実現させる手段とはなにか？　これらは古代中国人が語る「支配者の術」から西洋のマキャベリが書いた研究書『君主論』まで、千数百年にわたって追い求められて来たテーゼにもかかわらず、正確に言い当てた人はいない。

　この話題は過去100年、とくにこの半世紀以来アメリカの要素が加わってからというもの、ますます迷宮入りして難解になった。

　まずアメリカは帝国であろうか？　そうだと答える人もいれば、違うと答える人もいる。そうだと答えても、アメリカは以前のいかなる帝国とも異なり、海外に植民地を一つも持っていないし、戦争を通して占領した国から公然と資源や財産を略奪せず、また占領地の人を奴隷のように酷使してはいない。これらの点から見れば、アメリカはまったく帝国には見えない。しかし、これによってアメリカは帝国ではないと判断するならば、ではアメリカはなぜ覇権を追い求め、絶対に手放さないのかという問題にぶつかる。この問題を理解するには、アメリカの覇権とはなにかということを理解しなければならない。そのためには、1971年8月15日に遡って話す必要がある。なぜならこの日から、金の貨幣対価としての役割はアメリカによって廃止されたからである。アメリカは完全に信用の代替物としての「紙」幣を用いて金を追い払い、執拗《しつよう》に追い求めた金融覇権を手に入れたのである。そしてこれによって世界を徹底的に変えてしまい、人類社会を実質的な金融植民時代に引きずり込んだ。

　表面的に見れば、たしかにアメリカは海外に植民地を持ってはいないが、全世界の資源や製品、さらには世界貿易をすべて米ドルで決済するシステムに収めた。たしかにアメリカは他国の資源と製品を略奪していないが、ほとんどコストのかからない「紙」幣を使ってこれらの資源や製品と交換している。これは隠れた略奪と変わらない。またたしかにアメリカは他国の民衆を奴隷のようにこき使いアメリカのために働かせるようなことはしていないが、製造業の移転を通して、アメリカ人にとっての「ゴミ産業」や「斜陽産業」を全部発展途上国に移し、間接的には「奴隷のようにこき使う」ことになる。その上、これらの国や地域の管理と統治を行うためのコストを負担する必要もなく、もちろんこれらの国および地域で起きる労使争議あるいは民衆の反抗や敵意に手を焼くこともない。帝国として得る利益は一つも欠けるところがないどころか、以前の帝国よりさらに多くを得ている。直近20年のアメリカのGDPが増え続け、20年前の2倍になり、ほかの国との差をますます拡大していることを見てもわかる。

まさにずば抜けて優秀な帝国である。

ところで、アメリカはどうやってこれができたのだろうか?

この謎の解明を試みた人たちがいたが、ほとんど成功していない。一方、より多くの人は沈黙か回避を選んだ。誰も「ヴォルデモート卿《きょう》」（注2）の真の姿を暴くのに伴う被害の危険を冒したくないであろう。世界銀行元上級副総裁兼チーフエコノミストのジョセフ・スティグリッツ氏の辞任劇や、ジュリアン・アサンジおよびスノーデンの結末を考えれば自明のことである。

アメリカと覇権との関係という最高機密に関しては、「天機漏らすべからず！（訳者注：重要な秘密を漏らしてはいけない)」という中国の古い格言のとおり、まさに世界の専門家や学者たちが共通のタブーとして全員沈黙を保っているようである。この問題をめぐる議論の欠如は、いったい無知な者の盲点なのか、それとも知者の故意の隠蔽《いんぺい》であろうか? 私は両方考えられると思う。

無知な者の盲点であれば追究する必要はないであろう。なぜなら、人類の歴史上において知識と思想はもともとすべての人に扉を開くものではない。

しかし、「知者の故意の隠蔽」に対しては、私たちはなぜだと問い詰めるべきである。人々の日常生活から国家間の貿易まで時々刻々に世界に影響を与えている米ドルの問題をなぜ故意に隠し、より多くの人に知らせないのか? 経済学の教科書は、なぜ経済史や金融史におけるこの極めて重要で決定的な部分について述べないのか?

この問題に対する好奇心から、さらに、自分の国や世間の人々がずっとポンジ・スキーム(注3)の迷宮に入り抜け出せない状況を傍観しているわけにはいかないので、私は10年前からこの問題に注目してきた。

研究した結果、人が好きか嫌いか、称賛するか反対するかにかかわらず、いわゆる米ドルの覇権すなわち米ドルシステムは実はすでに人類の経済社会に、今までのどの文明とも異なる新しい文明の形態、すなわち金融文明という形態をもたらしている、と認めなければならなかった。これまでの40年間において、このシステムは世界各国のすべての通貨を米ドルの付属品に変え、アメリカの信用性をもって人類社会の交易形態を支配すると同時に、人類の生産形態をも支配した。すべての生産価値は米ドルで計算され、結果的には生産は米ドルのために行われることになる。このような結果こそ現代社会の文明を現在の文明形態に変えてしまった。

しかし、つまるところ、一つだけ変わらないものがある。すなわち、歴史上のすべての文明はその都度一つの強大な帝国によって支配され、しかもその文明はその帝国の利益を獲得する重要な方式になる。古代ギリシャ文明は実質的には周辺の都市国家に対するアテネの統治であり、アテネはそれを通して利益を得ていた。古代ローマ文明は地中海《ちちゆうかい》国家に対するローマ帝国の搾取の手段であった。また、大英帝国は植民地支配の方式で貿易文明を広め、3300万平方キロの土地から富を手に入れた。そして、これらの帝国と同じように、アメリカは米ドルで築いた金融システムを用いて、全世界を史上初の金融文明に引きずり込んで、地球のすみずみから利益を巻き上げている。

こうした意味でいえば、人類史上のいかなる文明も、ある帝国が自国の利益のためにつくった利益獲得のツールである。それと同時に、その文明に覆われる国々がその帝国を中心とする権力に屈服する生存の方式でもある。これこそが文明の本質であり、農耕文明はもとより、工業文明も貿易文明もすべてそうであり、また金融文明も例外ではない。公平にいえば、どの文明も前の文明と比較すれば一種の進歩ではあるが、同時に帝国の私利私欲の産物でもある。アメリカは金融帝国の創始者として当然同じである。

それでは、アメリカはいかにして最新の、そして最も強大な帝国になったのであろうか？

資本という方式で戦争を理解していた

第一次世界大戦はアメリカが世界の新しい覇権国家になるためのいわば陣痛促進剤であった。この戦争は、誰のために戦うのかも知らず、戦争自体がすでに変わってしまっていることも理解せず、しかも誰が戦争の受益者なのかもわからない人たちが起こして、結果的には自らが滅び、新しい世界に生まれ変わった戦争であった。

マルクスが早くも今から一世紀半前に、不朽の著作『資本論』で「経済基盤が上部構造を決定する」という名言を発しているにもかかわらず、ヨーロッパの頑固な君主たちは、帝国の「上部構造」と資本主義の「経済基盤」がもはや「適応されなくなっている」という現実を直視できないでいた。彼らは、資本主義が帝国主義の段階に入り、資源に対する大規模な工業生産の貪欲《どんよく》性とますます激しくなる労使の衝突がもたらす社会的階級の対立に、ひどく憂慮と恐怖を感じていた。

彼らがまったく原因を理解していない窮地から逃れるために、ドイツ皇帝・ウィルヘルム二世やオーストリア＝ハンガリー帝国の皇帝・フランツ・ヨーゼフ、ロシア帝国の皇帝・ニコライ二世、オスマン帝国のカリフ、大英帝国およびフランス共和国などヨーロッパの指導者たちは、1914年6月28日にフェルディナント大公夫妻がサラエボで暗殺された事件をきっかけに、期せずして一斉に各々の国を戦争の道に引きずり込んだ。

一つ大きな過ちを犯すと、次々と過ちが訪れる。帝国の体内で生成されてどんどん膨らんでいく資本主義は、決して自分の子供ではなく、専制政治と大規模な工業生産方式とは完全に異質のものとして相容《あいい》れない、ということを帝国の政策決定者たちは理解できなかったため、資本主義が推進する第二次産業革命によって変えられた戦争の方式についても、彼らは当然知る由もなかったのである。これは最終的にはヨーロッパの各帝国を無謀な戦争へと走らせた。この4年余りにわたる戦争には、約6500万人が参戦、1000万人以上が戦死、2000万人以上が負傷した上、2700億米ドルの資金が注ぎ込まれ、戦禍の及んだ人口は15億人にのぼった。財産を使い果たして王冠は地に落ち、帝王たちが自らの手で自らを埋葬するような戦争となった。

ところが、このような戦争の中で唯一例外の国があった。アメリカである。アメリカは当時としては資本主義の利益追求方式と本質を真に理解し、自国の体制をそれと完全に一体化させた国家であった。アメリカは純粋に資本という方式でこの戦争を理解し、戦争を超大規模な商業活動と見なしていた。生産、運輸、貿易、債務、借款、融資などは、戦時中という背景を除けば、すべて平和な時期と同じであった。だからこそ、資本主義的な冷静さを最後まで徹底することができたのであり、第一次世界大戦（20年後の第二次世界大戦をも含む）の最大の受益者となり、最終の勝利者となったのも当然であった。

軽視された資源と資本の力

中国人がいう「兵馬未動、糧秣《りようまつ》先行（出兵する前に食料を準備しておく）」と、西洋人がいう「戦争とは後方支援の戦い」は同工異曲である。現代の言葉を使っていうと、「戦争は国力の勝負である」ということだ。国力とはなにか？　ハードの面でいえば、資源と資本を獲得、支配した上でそれを生産力に変える能力を指す。このような資源と資本からなる国家の実力は戦争の時間の長さと規模を決める条件である。カネ（資本）の多寡はどの程度の戦争を行うかを決め、資源（ヒト、モノ、生産力）の多寡はいつまで戦争を継続するかを決める。前者は交戦する双方の融資能力を必要とし、後者は交戦する双方の戦争の持続力を必要とする。すなわち、戦場での勝敗は最初からすでに、双方の戦争資源と戦争資本を保有する能力によって左右されている。またこれは、戦争を決定する人が「戦争は収入に合わせて支出し、力に応じて行動する」という心構えをしっかりと持たなければならないことを意味する。

明らかに第一次世界大戦の交戦国の首脳および政策決定者たちは、こうした戦争の真の意味を理解していなかった。この点において、大戦の主な発動者であるドイツ皇帝のウィルヘルム二世はとくに愚かであった。彼らは例外なく、戦争の勝敗は戦場で戦う双方の軍隊によって決まると考え、戦争の勝利はそれ以上に、戦場の外における双方の人的資源、物質資源、生産能力、税収、財政、貿易、信用性、同盟国などの要素こそ重要であるということを驚くほど軽視していた。

ドイツを例に取ってみると、もし皇帝のウィルヘルム二世や「世界で最も優秀な参謀本部」と称されていた将校たちが、当時すでに形成された同盟国と協商国双方の真の実力を比べて冷静に把握していれば、戦争の勝利への期待を次のような軽率な判断に委《ゆだ》ねることはなかったであろう。

「もしもっと待っていれば、フランスとロシアが息をつくチャンスを摑《つか》み、強固な戦力を整えることができるであろうと彼らは信じていた」（参考文献1）。すなわち、ドイツにとってはこれ以上待つと時が遅いかもしれない。そしてドイツ軍の参謀長官から見ると、資源の不足、流動性の欠如、長期戦への準備のためにかかる軍備の重い負担、社会的対立の激化などにより、「人々はますます戦争を、大規模な軍備や財政収入と政治情勢のひっ迫を緩和する手段として見なすようになる」（参考文献1）。

このように官民一致して軽々しく戦争を叫ぶ雰囲気の中で、めずらしいことに、ドイツ人はなんと戦争を始める前に想像力の及ぶ最大限の範囲内で、戦争が起きた場合の費用を次のように試算した。

「戦争の費用は約700億マルクと推定され、当時の財務大臣ヘルフェリヒはこれについて自信満々であった」（参考文献2）。しかし彼は、実際には「戦争の支出は平均して毎年300億マルクまで膨らみ、毎日約8400万マルクかかった」（参考文献3）ことどころか、戦争終結後の1920年には、ドイツの公債総額が2200億マルクに達してしまったことをまったく予測できなかった。

かりにドイツ人が推定した700億マルクについて考えてみよう。この戦争のコストをどうやって回収するつもりだったのであろうか？　この問題についてドイツ人は奇想天外な自信を示した。「ドイツ人には自分なりの計算があった。彼らは必ず勝利すると思っていた。戦時中には毎年の税収が内債の利息返済に足りさえればよい。将来戦争に勝利し、賠償金を取れば儲かることになる」（参考文献2）。

こうした妄信的かつ楽観的な情緒に影響されたせいか、厳密さで知られるドイツ軍の参謀本部がかの有名な「シュリーフェン・プラン」をもとに作成した作戦計画も驚くほど軽率なもので、投機性に満ちていた。いったん開戦したら、ドイツ軍はシュリーフェン・プランの「袖《そで》で、イギリス海峡をかすって通れ」という指示に従い、6週間をかけてフランスを潰《つぶ》したあと、東へ向かいロシアを侵攻する予定であった。この独りよがりの作戦計画は、東西両面作戦を避けて別々に敵を破るという思惑であった。しかし、本当の戦争はいつも作戦計画のとおりにはいかないどころか、まったく逆の方向へ進むことさえある。ドイツ人の誤算だった。この戦争は4年以上も続き、最後に賠償金を払ったのは相手国ではなく、ドイツ自身であった。賠償額をめぐっていく度もかけ引きをしたが、それでも敗戦国のドイツにとっては永久に復興不可能な1320億マルクという莫大《ばくだい》な金額であった。「なぜなら、この金額は搾り取られたドイツの国民経済力をはるかに超えていた」（参考文献4）。

実は考えてみればわかることだが、ドイツの政策決定者たちが開戦の前に少しでも次の数字に目を通していれば、軽率に戦争を起こすことはなかったであろう。

総人口：同盟国は約1・44億人、協商国は約6・65億人。戦争動員可能人口：同盟国は約2500万人、協商国は3000万〜4000万人。世界に占める製造業総生産の比率：同盟国は19%、協商国は28%。潜在工業力：同盟国と協商国の比率は1：1・5。これらの数字にはアメリカが含まれていない。

これほど明確な数字を比べて、それでも開戦を決意した人間は、おそらく正気を失っていたといって過言ではない。うわさによると、ドイツ皇帝のウィルヘルム二世は敗戦の責任を取り退位したあと、時すでに遅しではあるが『孫子《そんし》兵法』を読んで、「数年前にこの本を読んでいたら、こんな結末にはならなかった」と嘆いたと言われる。彼を一番嘆かせたのはきっと巻頭の最初の言葉ではないかと私は思う。「兵とは国の大事なり、生死の地、存亡の道、察せざるべからざるなり」。

同盟国：血と資本の劣勢

ニーアル・ファーガソンはその著書『キャッシュ・ネクサス』（参考文献6）において、残酷ながらも詩的な口調で次のように書いた。「第一次世界大戦の決定的な要因は血の流れのほかに、資本の流れもあった。両者の意義は同様に重要である」。いかなる国にとっても、血と資本はともに血液であり、戦争を遂行する二種類の能力である。前者の血は戦争の資源を動員する能力であり、人的資源は戦争資源の中の最も重要な資源である。後者の資本とは戦争のための融資能力であり、貨幣の発行、税収、起債などは戦争を支える重要な手段である。

4年以上も続いた世界大戦において、「戦争をする双方はともに資源不足の問題に直面していた。個々の戦いに一時的な勝利を収めるために国家財政と物資が過度に消耗され、戦争が長引くのにともなって必ず苦い敗北を喫するであろう。弾薬は尽き、食料がなくなり、労働力の数とくに熟練労働者の数が大幅に減り、ストライキが頻繁に発生し、兵士と民間人に供給するための備蓄食料が底をつき、国内外からの借金が山積して返却能力を超えていた」（参考文献1）。このように「血と資本」の両方で劣勢に置かれた国は戦争においても必ず劣勢に陥り、勝利の可能性はほとんど皆無である。

たしかに第一次世界大戦の前に、ドイツの経済は自慢すべき実績を収めた。鉄鋼の生産量は1913年にイギリスを追い越し、国家収入は宿敵フランスに大きな差をつけた。ドイツの電力工業総生産は1893年〜1913年の間に28倍も伸びた。1913年にはアメリカに次ぐ世界第二の経済大国になった。しかしこれらの実績は大英帝国の優位性にすべて取って代わったわけではない。当時のイギリスは全世界の植民地から豊潤な利益を得て、産業は国内の政治、経済および軍事の需要を満たすのに充分であった（参考文献2）。さらに重要なのは、ドイツの工業経済の急成長は金融業における致命傷を治せるほどではなかった。ドイツはイギリスと比べて、戦争を遂行するための融資の面で最初から負けていたのである。

金融戦は第一次世界大戦の砲弾の爆発音とほぼ同時に、ないしそれより先に始まった。1914年7月末、戦争勃発《ぼっぱつ》の前夜に「イングランド銀行は率先して割引金利を3％から10％まで引き上げ、資金をイギリスへ流れるように誘導した。当時のベルリンにはまだ統一した金融センターがなく、たちまち金融パニックが起きた。経験豊富なイギリス人のこの一撃を食らっただけで、ドイツ帝国銀行に取り付け騒ぎが起こり、一か月の預金残高は20％減少した」（参考文献2）。

この打撃に対して、経験不足で実力も伴わないドイツ人の対応は「単純かつ横暴」であった。「最初の対策はマルクと金の切り離しで、金への交換を停止した。その後、三か月間の国債を通貨体制に収めた。これは実質上の通貨増発である。しかし、金本位制度の時代に自国の通貨と金の切り離しを宣言したことは、融資のルートを切断したに等しかった」（参考文献2）。

戦争初期のドイツ軍の戦果に比べれば、金融戦におけるドイツ人の成績はまったく得点がなく、ずっと殴られっぱなしの局面が続いた。やり返すどころか、手も足も出せなかった。

この年の9月になると、ドイツ帝国は半年に一回「戦争債券」を発行せざるを得ない状況になった。四年後の終戦まで累計総額993億マルクの戦争債券を発行し、戦争初期に比べて20倍にも膨らんだ。この時ドイツの金の保有量は870トンに達し、アメリカ、ロシア、フランスに次いで世界四位であったにもかかわらず、戦争の支出と借金の規模の拡大にともない、民衆が政府の長期債券を買い続ける意欲を維持するだけの信用は失われた。

それと同時に、海外で発行する債券の金額も大幅に下落し、債券価格もイギリスとフランスより10％低かった。この価格差は投資家の目にはドイツの債券のリスクとして映り、ドイツはやむを得ず金利を引き上げて、イギリスとフランスより高い利息を支払い、投資家を引き付けようとした。しかし、ドイツは戦争資金の劣勢を挽回《ばんかい》することができず、むしろさらなる悪化を招いた。戦争期間中におけるドイツの外債総額は80億マルクにのぼる巨額ではあったが、イギリスがアメリカから得た170億米ドルにははるかに及ばなかった。このような状況が続く中、1917年には、協商国がアメリカから与えられた与信枠は23億米ドルだったのに対して、ドイツは同時期において、海外からは惨めにも2700万マルクしか調達できなかった。

これによってドイツの戦争遂行能力は著しく制約され、戦争初期および中期に獲得していた局所的な優勢と勝利は、戦争の長期化にしたがって少しずつ失われていった。

この時になってもドイツ皇帝のウィルヘルム二世は相も変わらず、「先に破産して敗れるのはロシアに違いない」と強がりを言ったが、国力の損耗が戦争の継続を困難にしたことは、ロスチャイルドのような世界トップレベルの金融資本家の鋭い洞察力から逃れられなかった。彼の個人的な手紙の中には「ドイツ政府の財政は非常に困窮している」、「ドイツが海外市場で債権を売りつけていることが印象深い」（参考文献1）と書かれていた。通常で言えば、金融資本家がある国に投資するか否かが資金流動のバロメーターになるので、これが戦争の最後の勝敗の風見でもある。

しかし、ドイツの運の悪さは戦争の融資に限らなかった。ドイツに対するイギリスの金融戦はまったく隙間のない全面的なものであった。ユトランド沖海戦でイギリスの艦隊がドイツ帝国海軍に決定的に勝利を収めたあと、イギリス海軍のドイツに対する封鎖は、協商国がドイツおよびその同盟国にしかけた貿易戦の一部となった。イギリスはアメリカと中立国との貿易船でさえ見逃さず、すべて押し止めたため、アメリカは自分の安全のため貿易の相手を協商国に限定せざるを得なかった。そのため、「協商国の（貿易方面での）同盟国に対する優勢が続き、同盟国は敵方に変わった中立国から物資を輸入できなくなった。いうまでもなく、イギリス海軍がドイツの貿易シーレーンに展開した打撃は、ドイツ経済に深刻な崩壊をもたらしたのである」、「1915年になると、ドイツの輸入水準は戦前の55％まで下落した」（参考文献1）。

ドイツにとって協商国のさらなる厳しい打撃は、ドイツが持っていた9・8億〜13・7億ポンドに及ぶ海外投資が、イギリス、フランス、ロシアおよび後に加わったアメリカに少なくともその60％を差し押さえられ、没収されたことであった。そしてドイツの海運業が受けた打撃はさらに強烈であり、撃沈と押収によって629隻、合計230万トンの商船を失ったのである。ドイツは外国の証券を販売して1・47億ポンドもの資金を集め、赤字を補塡《ほてん》するために4800万ポンドに相当する金を売却せざるを得なかった。また、海外の投資家から短期の個人融資を調達しなければならなかった。

戦争でこのような状況に陥ったならば、もう敗北の兆しどころか、敗北する結末がはっきりと見えている。しかし戦争が終わるまで、ドイツ皇帝のウィルヘルム二世には敗因がわからなかった。戦争の勝敗を決めるのは工業化のレベルでもなければ生産能力でもない。戦争の融資能力なのだ。戦争をどれだけの規模に拡大するか、いつまで続けるか、そしてどのレベルの熾《し》烈《れつ》さにするかは、どれぐらいのカネがあるかによって決められるのである。これは現代戦争の鉄則だと言ってもよい。

協商国：債権国から債務国に転落

ドイツをはじめとする同盟国に比べ、イギリス、フランスおよびロシアからなる協商国の陣営はヒトやモノなど様々な資源の面で大きな優位性を持っていた。しかし、いかなる国にとっても、ますます目標を失い、勝利がすべてである持久戦と消耗戦は耐えがたい戦争になる。同盟国でも協商国でも、どの国でも資源は無限ではない。交戦する双方が軍事の戦争を消耗戦へ発展させると同時に、貿易面や金融面まで消耗戦へと突き進んでしまっては、なおさら耐えがたい。

ますます泥沼に陥った戦争は同盟国を無残にも圧迫し、また協商国をも同様に圧迫していた。イギリスをはじめとする協商国は同盟国の戦争融資能力を制圧し、その借款のルートを封じ込め、戦争継続能力の土台を壊すことに成功したが、自分自身の戦争融資能力を有効に発揮した結果、莫大な借金を背負う羽目になった。こうして幻の勝利のために、次々と債権国から債務国になり果てた。

日ましに迫ってくる戦争への対策として、フランスは事前に資金を調達していた。１９１３年には借金は国家歳入の86％を占めていた。同じ年に、ロシアの負債総額も44億ルーブルから88億ルーブルへと2倍に急増した。同時期に、イギリスの国債はヨーロッパ大陸の各国よりもっと高く、イギリスの税収の10倍を超えていた（参考文献1）。

戦争がもたらす経済の悪化は常に金融から始まる。なぜなら、金融は経済状況の最もデリケートな温度計である。戦争勃発まであと一週間足らずという時、金融温度計の水銀柱はすでに上昇しはじめていた。

「7月27日、ロシアの中央銀行は金の交換を中止せざるを得なかった」。戦争による金の国外流出を防ぐ対策については、協商国にとっても同盟国と同様によりよい方法はなかったのである。このような戦時中に一時的に中止された金本位制度は、結果的に戦後になっても本当の回復は実現されず、そして１９７１年８月15日にアメリカによって完全に廃止された。イギリスは金の交換の中止をすぐには宣言しなかったが、「イングランド銀行は対策として７月31日に基準金利を２倍の８％に引き上げた上で、翌日にはさらに２％引き上げ、市場をマヒ状態に陥れた。金融市場の崩壊を避けるため、証券取引所はその日に営業停止をせざるを得なかった。また、ベルリンとパリでも同じ状況が起きた」。同じ時期に、フランスは「税収の悪化が深刻になって、それは戦争勃発前夜まで続いた」（参考文献１）。

地球はすべてリンケージされているものであり、「巣がひっくり返されれば割れない卵はない」。戦争はいずれの当事者にとっても通常の経済活動も生活もできない、という意味では公平である。

戦争前の金融の波乱は主に恐怖や不安から起きたものだといえば、いったん残酷な戦争が始まると、あたかも「手綱を振り切った暴れ馬」のように参戦国の経済と金融においては、止まるところのない負担と消耗が、誰にも避けられない現実となってしまう。

フランスの事例を挙げると、「戦争に必要な莫大な軍事費を捻出《ねんしゅつ》するため、フランスの１９１４年の財政予算の赤字は55億フランにまで急騰した」。そのため、フランス政府は紙幣印刷機の運転を加速させるほか選択肢はなかった。「フランスの貨幣流通量は増加の一途をたどり、１９１４年第４四半期には信用通貨の流通量は96億フランを超えた」。その結果、「国庫が底をつき、収入が支出に追いつかなくなった」（参考文献５）。

終わりが見えない、大量殺戮《さつりく》を伴うような戦争は、すべての参戦国を債務の地獄へと引きずり込む。はるか大西洋《たいせいよう》の向こう側で対岸の火事を見ているアメリカを除いて、この戦争に身を投じた国々は累々たる負債に苦しむことを余儀なくされた。

「1917年までにはロシアの外債総額は8・24億ポンドにのぼり、イタリアとフランスも同様に莫大な外債を抱えていた。1919年まで、イギリスは植民地各国や戦争で同盟を結んだ国に合計18億ポンド、イギリスのGDPの32％に相当する融資を提供したが、これと同時に、アメリカおよびその他の国から13億ポンド（イギリスのGDPの22％に相当する）の借金をしていた」（参考文献6）。すなわち、すべての国々は債務の重荷を背負わなければならないだけでなく、自国の国民は深刻なインフレに喘《あえ》いでいたのである。さらに皮肉なことに、第一次世界大戦では戦場の内外を問わず、常に共倒れすることがあった。戦勝国と敗戦国のいずれにかかわらず、戦争のために払った対価はほとんど同じであり、双方とも戦争の廃墟《はいきょ》以外にはなにも得られなかったのである。しかも、これは参戦した各国の最終的な対価ではなかった。最後に払った対価は、ほとんどすべての参戦国の君主制がこの戦争によって滅亡したことである。

ヨーロッパの古典的な帝国時代は終焉《しゅうえん》を告げた。

アメリカだけが独り勝ちした。この時のアメリカは「債権国になった。債権総額は70億ポンドに達し、GDPの9％を占めていた」（参考文献6）。わずか4年前には世界最大の債務国であったアメリカの華麗なる変身である。

戦争は国際関係を転覆させる最大の立役者であり、当然ながら債権と債務の関係を一変させる立役者でもある。

唯一の受益者はアメリカだけ

ヨーロッパ大陸全体が巨大な大量殺戮兵器と資本を呑《の》み込む怪物になった時、アメリカはずっと大西洋の対岸でクールな目で傍観し、賭《か》けを急がなかった。ただ手中のカネ――戦争の資源と資金を賭博者《とばくしゃ》たちに次々と貸し付けていた。炎がさらに燃え上がるようにときどき乾燥した薪を火の中に投げ込んでいたのである。アメリカはずっとチャンスを待っていた。このチャンスは浅薄な歴史学者たちが考えているような、ドイツが正気を失った「無制限潜水艦作戦」を遂行し、無謀にもイギリスの商船「ルシタニア号」を撃沈したことでもなければ、ドイツのツィンメルマン外相の電報がアメリカの指導者と国民を激怒させたという致命的な過ちでもなかった。

これらの歴史学者は、この二つの事件がそれまでずっと中立を保ってきたアメリカを協商国側に傾けさせたと断言している。この説は謀略に長《た》けるアメリカ人を見くびっている。これがアメリカの参戦理由だったというなら、ヨーロッパを壊滅させた戦争に身を投じたアメリカの単なる口実に過ぎないのである。アメリカにとっては、これらの事件がなくてもほかの適当な口実を使えば同じである。アメリカは最初から、いずれはこの戦争に参加すべきで、いつ参戦するのが絶好のチャンスかを考えるだけであった。これはチャンスの問題で、チャンスは時間とは無関係だ。チャンスの条件はたった一つしかない――ヨーロッパ全体はいつ燃え尽きるか、である。燃え尽きた時こそ、アメリカが待ち望んでいるチャンスの到来である。アメリカが本当にほしかったものは、ヨーロッパの古い帝国から、正確にいえば世界の支配者イギリスから覇権を奪い取ることであり、戦争を通して金儲けするような目先の利益ではない。「アメリカ駐英大使ペイジは大統領顧問エドワード・ハウスへの手紙に『ヨーロッパのほとんどの国は破産し、全世界はわれわれの手中に入る』と書いている」（参考文献7）。

イギリスを倒すという瞬間を迎えるためにアメリカは長い間、待っていた。ただし、その前に倒さなければならない相手はドイツであった。19世紀末期には、ドイツの経済力はイギリスとフランスを超え、世界第二位に上がり、アメリカに追いつこうとしていた。さらに開戦の前年、世界市場のシェアの21％を占め、アメリカの17％を上回った（参考文献7）。アメリカは驚いてこの覇権の競争相手を倒さなければならないと決意を固めた。そのため、アメリカはいずれ取って代わることになるイギリスおよび協商国側に立たなければならなかった。しかし、なぜ開戦後の4年目になってようやく「中立」の仮面を外して参戦を決めたのだろうか？理由は言うまでもなく、アメリカにとっては、後発の優等生ドイツ帝国が「虎の怖さを知らない子牛」のように必死にイギリスと戦い、イギリスの国力を消耗させることを必要としていたからである。老いた帝国イギリスにできるだけ長く戦わせる（すなわち、より多く消耗させる）ために、戦前には債務国であったアメリカは気前よく自分の債権国に財布のひもを解いて、イギリスに47億米ドル、フランスに40億米ドルを貸し付け（参考文献8）、「戦争の最後の投資家」という役を演じたのだった。歴史は、この役を演じた者が戦争の最終勝利者になるということを証明している。

この役を演じるメリットは、アメリカが戦争に参加する前からすでにはっきりと見えていた。「アメリカは戦前の債務国から一転して世界最大の債権国になり、また世界最大の資本輸出国となった」。「アメリカは交戦する双方の株式を買い取っただけでなく、巨額の債券を増発し、資本の輸出を加速させた。第一次世界大戦が終結した1919年には、アメリカの海外への投資総額は70億米ドルにのぼり、協商国への貸付金額も100億米ドルに達した。これにともなって、アメリカの金準備も急増し、世界の金準備の40％を占めるに至った」。この時から、「国際金融センターも徐々にロンドンを離れ、ニューヨークへと移りはじめた」（参考文献5）。

「アメリカのウッドロウ・ウィルソン大統領は興奮した気持ちを抑えきれずに言った。『今日の世界金融市場とビジネス界においては、アメリカが占める地位や占めなければならない地位、それにやり遂げた実績は、いずれも以前のわれわれには想像さえしなかったものだ』」（参考文献5）。歴史上最も高学歴の（博士号を持っている）このアメリカ大統領にとっては、どうやら勝利の到来は早すぎたし、簡単すぎたようである。

当時、大西洋の対岸で苦戦を強いられていたイギリス人に、ウィルソン大統領のような余裕はなかった。なぜなら、ドイツが再び「無制限潜水艦作戦」を仕掛けてきたからである。「イギリスの多くの戦艦や商船は撃沈され、戦争の情勢は同盟国側に有利な方向に変わりはじめた。イギリスをはじめとする協商国には戦争に敗れる危険性が生じ、しかもイギリスの金融状況はすでに崩壊の兆候が見受けられた。したがってウィルソン大統領は、債務を守る立場からアメリカはただちに同盟国に宣戦布告すべきだと考えた」(参考文献7)。

このことはウィルソン大統領が議会にアメリカの参戦を納得させる上で最もよい理由であった。ただし、大統領本人からアメリカの参戦を支持する国会議員たちにいたるまで、みんな心の奥にある、納得している別の理由を口にしなかった。すなわち、古い帝国のイギリスが倒れる日は目の前に近づいており、新興帝国のドイツこそアメリカと覇権を争う強硬な相手なのだ。したがって、そのドイツがイギリスを打ち負かしてヨーロッパの新しい支配者になる前に、ドイツを撃破しなければならなかった。こうして戦争後、アメリカが百年も支配者の座にあったイギリスに取って代わることを妨げる国はなくなる。

ちょうどこうした時に、ドイツはイギリスの商船「ルシタニア号」を撃沈、死亡者にはアメリカ国民もいた。それに続いて、いかにも「タイミングよく」イギリスの情報機関から、ドイツのツィンメルマン外相が駐メキシコドイツ大使に送った秘密電報が流出した。アメリカに領土の返還を要求するようにメキシコ政府に働きかけ、ドイツとメキシコが同盟を締結することを提案した、という電報はアメリカ国民を激怒させた。すべてが絶好のタイミングで起きたのだ。これにぴったりの中国のことわざがある――「眠りたい時に枕を渡す」。このあとドイツはまた愚かなことをした。アメリカの軍艦「ホーサトニック号」を撃沈し、アメリカを戦争に引きずり込んだ最後のきっかけを作ったのだ。

1917年6月27日、パーシング将軍が率いるアメリカ遠征軍はヨーロッパ大陸に上陸した。臨時的にかき集めたこの軍団は強大だとはとても言えないが、戦争の天秤《てんびん》にアメリカという大きな重りを加えたことによって、天秤を確実に協商国の方に傾けた。

戦争の結果は開戦の前からすでに決まっていたが、戦争は四年三か月にわたって行われ、勝敗が明らかになるまで、ほとんどすべての参戦国はヒトやモノを使い果たした。「神に選ばれた人間」と自称し「白人至上主義」を謳《うた》っていたヨーロッパ人にとっては、あまりにも皮肉なことである。しかし、この悲惨なヨーロッパ人にとっては、不運はこれで終わったわけではない。フランスのフェルディナン・フォッシュ元帥の意味深長な名言を引用すれば、第一次世界大戦の終結は「平和ではなく、20年の休戦にすぎないのだ」。

彼が言ったとおり、ちょうど20年後に第二次世界大戦が勃発した。この戦争は規模、時間、消耗、壮絶さ、いずれにおいても一回目の世界大戦をはるかに超えるものだった。ある意味では第一次世界大戦は「空前」ではあったが、「絶後」にはならなかった。筆者の友人の話を借りれば「一回目の世界大戦で終わらなかった戦いを完成させた」のである。なぜなら、第一次世界大戦の結果は、支配者の座をねらい「権力の接収」を実現したいというアメリカの願いをかなえなかったからである。大英帝国は今にも崩れそうに揺らいでいたが、支配者の座に居座って新しい帝国アメリカに頭を下げて従おうとはしなかった。「ベルサイユ条約」で1320億マルクにものぼる巨額の戦争賠償金に首を絞められたドイツも、復讐《ふくしゅう》の思いに燃えていた。こうして第二次世界大戦は遅かれ早かれ起きるものになっていた。

フォッシュ元帥の予言は不幸にも当たった。このような情勢において、アメリカの戦略的な忍耐はその謀略と同様に深遠さを示した。20年も待機したあとにヨーロッパで起きた二回目の戦争を通して、新旧帝国間のすべての怨念《おんねん》、ヨーロッパの全財産、さらにはヨーロッパ人が誇りに思っていた伝統文明をもことごとく一掃した。ここに来て、大英帝国は未練がましいながらもアメリカに世界支配者の座を引き渡さざるを得なかった。貿易文明を特徴とした大英帝国による一回目のグローバル化はここで幕を閉じたが、アメリカが推進する金融文明を中心とした二回目のグローバル化の幕開けは、第二次世界大戦後四半世紀経つころまで待たなければならなかった。

金融植民

貨幣の歴史的ロジックとその軌跡

1960年、アメリカの経済学者ロバート・トリフィンは著書『金とドルの危機 新国際通貨制度の提案』（勁草書房）で次のように書いた。

「米ドルと金のリンク、そして他国の通貨と米ドルのリンクによって、米ドルは国際基軸通貨の地位を得たが、各国は国際貿易を拡大するために、米ドルを決済通貨および外貨準備としなければならない。その結果、アメリカから流出した米ドルが海外で増え続け、アメリカに長期的な国際収支の赤字を生じさせる。一方、米ドルが国際基軸通貨となる前提は米ドルの安定と強気が必要であり、アメリカの長期的な国際収支の黒字を必要とする。この二つの要因は相反しジレンマに陥る」

それではアメリカはこのジレンマをどう解決しているのであろうか？

アメリカ史上、大統領選にて四選を果たした人はフランクリン・ルーズベルトだけである。彼は20世紀のアメリカの最も重要な政治家であり、彼の影響は20世紀を超え、アメリカないし世界はいまだにその影響を受けている。例えば、国連やガット（現在のＷＴＯ）が彼の構想のもとに創設されたのである。

さらに重要なのは「ブレトンウッズ体制」である。１９４４年7月、アメリカのニューハンプシャー州のブレトンウッズという小さな町で、連合国の財務大臣や中央銀行総裁および一部の経済学者が一堂に会した。そこで、ジョン・メイナード・ケインズをはじめとする英ポンド派勢力とハリー・デクスター・ホワイトをはじめとする米ドル派勢力が争いをくり広げ、激しい口論とかけ引きをくり返した結果、ついに「政権交代」となり、新しい世界通貨システムが誕生した。これが「ブレトンウッズ体制」である。その内容の本質はたった一言で表現できる。「世界の基軸通貨を米ドルとし、米ドルを金とリンクさせる」。アメリカ政府は全世界に、35ドルを金１オンスに交換できることを約束した。この時のアメリカは意気揚々としていた。当時のアメリカはどの国よりも多い金を保有し、全世界の80％をも占めていた。その上、世界最大の生産力と軍事力を持っていた。

アメリカは「ブレトンウッズ体制」を利用して米ドルの支配的な地位を確立させた。しかし、「花は長くは咲かない」のと同じように、アメリカはまもなくこの体制には致命的な欠陥があることに気づいた。主権通貨であると同時に国際決済通貨でもある米ドルは、最初から両立できないジレンマに陥っていたのである。さらに困ったことに、各国に国際通貨としての責任を果たすのであれば、アメリカの国際収支の赤字は避けられない。赤字が長期的に続けば、アメリカの通貨に対する信用が保持できなくなる。これがかの有名な「トリフィンのジレンマ」である。この難題は半世紀以上にわたってアメリカ人を悩ましていたが、実際に「ブレトンウッズ体制」の維持を真に難しくしたのは、アメリカが起こすべきではなかった二回の戦争であった。

新植民主義：「紙」幣を用いて実物と交換する

朝鮮戦争で大損して帰ってきたアメリカ人はその教訓を学ぼうとしなかった。1961年から再びはるかなる太平洋《たいへいよう》を渡ってベトナム戦争を起こした。ベトナムで14年間近く戦い、1975年に慌ててサイゴンから撤退した時に至るまで、1万（一説によれば8000余り）台にのぼる飛行機を撃墜され、約5万8000人の軍人が命を落とした。それにもかかわらず、得られたものはなに一つなかった。この戦争のためにアメリカは8000億ドル（別のデータでは6860億ドル）を使った。それは現在の3兆ドルに相当する。

一方、同じ時期に「マーシャルプラン」に助けられたヨーロッパは経済の回復と成長が加速しはじめ、さらに多くの米ドルがヨーロッパに流れ込んだ。これはすなわち、アメリカが保有する金の流出を意味する。とくにヨーロッパ人はアメリカの巨額の赤字を目にして米ドルに信頼感を失った時、米ドルを金に交換する声が次第に高まった。これに応じたドゴール大統領は、フランスが持つ米ドルを金に交換しようとアメリカに求めた。アメリカの金の保有量は日ましに減少し、ベトナム戦争中の1971年には、「えりを合わせると袖《そで》から肘《ひじ》が出てしまう」ということわざのごとく、財政に綻《ほころ》びが出た。当時のアメリカは、「ブレトンウッズ体制」が妨げになっていたために、現在の金融危機で「金融緩和政策」を打ち出して、正気を失ったようにドル札を印刷する方法は勝手には取れなかった。相応の金を保有していなければ余分なドル札を印刷してはならなかったのである。アメリカは全世界に金とドルのリンクを約束し、米ドルは世界の基軸通貨になっているため、その安定を守らなければならなかった。アメリカは未《み》曽《ぞ》有《う》の窮地に陥った。

戦争が続いている中、金の保有量がどんどん減少し、ドル札を余分に印刷することもできなかったアメリカは、いろいろと思案を巡らしたあげく、世界からの信用を裏切るよりほかに方法はなかった。

1971年8月15日、当時のアメリカ大統領ニクソンは、米ドルと金の交換を中止することを宣言した。金の交換窓口を閉鎖するという信用を裏切る行為は、アメリカが金の保有量に縛られずに全世界へ流動性を思い通りに放出してもよい、ということを意味する。つまり勝手にドル札を印刷しても構わない。少なくとも理論上では、印刷したい分だけ印刷すればよい。この時から、人類社会は正真正銘の「紙」幣、言い換えれば信用通貨の時代に入った。考えてみよう。信用通貨の時代は通貨の発行者が世間の信用を裏切ることから始まるのだから、本当に皮肉なことである。ところが、アメリカ人は紙幣を印刷するだけで問題解決ができると考えるほど愚か者ではない。彼らは、限度を超える紙幣の印刷は「自ら墓穴を掘る」に等しいということを当然よくわかっていた。自ら自国の貨幣をまったく価値のないものにした時、自分の国の信用も崩壊してしまうのだ。そこでアメリカは資金を拠出して、米ドルと金を切り離したことはアメリカや世界経済にどんな影響を与えるかを研究した。半年後、マイケル・ハドソン（注4）の研究レポート『金の非貨幣化の影響』が提出された。この良識ある若手経済学者はレポートの中でアメリカ政府に警告を発した。米ドルと金の切り離しは短期的にはたしかにアメリカにメリットをもたらす。なぜなら、世界がまだ被害に気付いていないうちに、アメリカが大量にドル札を印刷すれば、金の後ろ盾を持たない紙幣を利用して世界から利益を巻き上げることができる。しかし長期的に見れば、これはアメリカにとっても世界にとっても決してよいことではなく、とくにアメリカにとっては、まちがいなく「毒を飲んで渇きをいやす」ことになる、と。

このレポートを読んだアメリカ政府の責任者たちはどんな感想を持っていたのであろうか？　マイケル・ハドソンの話によれば、彼らはなんと大喜びだったのである！　これらの政府役人たちは、短期的にアメリカにメリットをもたらすのであれば、長期的にもメリットをもたらしてくれるようにすればよいだろうと考えたのである。そしてアメリカ政府は本当にそれを実行した。その時から40年余りの長い年月にわたって、アメリカ政府はこれを基本国策として実施してきた。すなわち、こうした紙幣の大量印刷は一種の「確信犯」であった。その証拠として、過去40数年間において、クリントン政権の時に一年か二年ほど国際収支が黒字に転じていたが、ほかの40年余りはずっと赤字が続いたのである。アメリカにはこうした状況を変える能力がなかったのであろうか？　いや、まったく違う。それを変えたいという考えが毛頭ないからである。なぜなら、赤字は米ドルを輸出することの当然の結果であり、当たり前の対価だからである。赤字になっているからこそ、アメリカは手中の「紙」幣をもって全世界から実物の財産と交換できる。これこそ、アメリカ政府が自国経済の赤字を放任している理由である。だから、ブッシュ・ジュニア政権のチェイニー副大統領が自慢げに、「欠損も赤字も問題ではない」（注5）と語ったのだ。むしろアメリカ人にとって不可思議なのは、全世界がアメリカのやり方を黙って受け入れたことであった！

こうして、アメリカの金融覇権は米ドルと金の切り離しによって揺らぐどころか、かえって継続され強固になった。なぜだろうか？　当時のアメリカの経済、科学技術および軍事力が突出して強かったからにほかならない。この三本の柱はアメリカ政府と米ドルの信用を支えるものである。さらにアメリカ政府はのちに勃発《ぼっぱつ》した第四次中東戦争を機に、米ドルと石油貿易をリンクし、米ドルは世界最大規模の貿易の唯一の決済貨幣になった。こうして金の後ろ盾のない紙幣――米ドルの支配的な地位が一挙に築き上げられた。その後、アメリカでは何人も大統領が交代したが、共和党政権にせよ民主党政権にせよ、さまざまな政策が打ち出されたり撤廃されたりしたが、ドルに関するこの基本的な国策だけは以心伝心の如く、暗黙の了解のもとに一度たりとも変わったことがなかった。

この金融戦略の設計はアメリカの最大、最高にして、最重要な国家機密であると言って過言ではない。経済と金融の教科書の後ろに隠れているこのアメリカの金融国策は、いかなる書物にも永遠に見つけ出せず、想像と推測の域を超えない。アメリカの政権交代が行われるたびに、現職の大統領が核のボタンを操作するカバンを次期大統領に引き渡す際に、必ずアメリカのこの金融国策をも後任者に伝えるのだろう。なぜアメリカはドルを印刷するだけでよいのに全世界は米ドルで購入する商品を生産しなければならないのか、世界的分業とは本当はなにか、本当のグローバル化はなにかなどを！　実はこれらすべては１９７１年、アメリカ人がさんざん非難していたあのニクソン大統領から始まったのである。その意味では、アメリカ人は自らが弾劾して追放した大統領に深く感謝すべきである。

米ドルを金から切り離した代わりに石油とリンクさせたのも、ニクソン大統領の手によって完成したものである。ニクソンとＦＲＢの高官たちは、アメリカ自身の実力に頼るだけでは、もしほかの国が協力してくれないと困るとわかっていたのである。したがって、米ドルを世界最大の貿易商品にリンクし、米ドルという大きな船の金という錨《いかり》を揚げてから、できるだけ早く別の錨を見つけ、米ドルの地位を強固なものにするのは最善の方法であった。チャンスはまもなく訪れた。１９７３年10月６日、第四次中東戦争の勃発である。最初はエジプトとシリアが両側から攻撃し、イスラエルは不意打ちを食わされたが、やがて戦況が逆転し、イスラエルが優勢に立った。

有利だった戦争に逆転されて負けてしまい、停戦を余儀なくされたアラブ諸国にとっては極めて憂うつなことであった。石油資源に恵まれる中東の産油国は、戦場で得られなかったものを石油から取り戻そうと意見が一致した。彼らは石油を武器に、自らコントロールしているＯ

PEC――石油輸出国機構を利用して、石油価格を値上げして西側諸国に打撃を与えようとした。この方法はたしかに戦争よりも効果的であった。国際市場の石油価格は1バレル3・01米ドルから11・56米ドルに急騰し、西側諸国は早々に耐えられなくなった。

この時、アメリカの財務長官サイモンは密《ひそ》かにリヤドに飛び、OPECの初代議長でもあったサウジアラビアの石油担当大臣と会見し説得した。石油価格をどんなに値上げしても構わないが、アメリカを敵にしたくなければ、全世界の石油交易において米ドルを用いて決済するという条件を受け入れなければならない、と（注6）。サウジアラビアの石油担当大臣は全世界と同じように、アメリカのこの計算高い要求を深く考えずに安易に承諾した。その後、全世界の石油交易は米ドルとリンクし、米ドルの信用もその後の40年間にわたって、全世界のエネルギー源に対する需要としっかりと結びついた。

ここまで来ると、アメリカが設計した新型の帝国は次第にその輪郭を見せはじめた。これは人類の帝国史上、一度も出現したことのなかった金融植民帝国である。かつてドイツが見せた他国を侵略しその生存環境まで奪い取るような愚かなやり方に比べ、人類が数千年にわたって行ってきた公平な交易――「片手でカネを渡し、片手で商品を受け取る」という方式の方がもっと賢いと、アメリカは気づいたのである。世間の人々は「紙幣と実物商品との交換」にはほとんどまったく疑問を抱かずに、おとなしく自分の財産を相手に渡す。このような「文明的な略奪」は従来の「野蛮な略奪」とは違って憎しみをもたらさない。この目的を達成するには金融植民よりも良い方法はない。この方法では、全世界をアメリカの金融システムに収め、水道の蛇口を開けるように各国の富をどんどんアメリカに流すことができる。

こうして、過去半世紀以上の時間を経て、アメリカは製造業大国から金融業大国へのシフトを実現し、自らのあり方とライフスタイルを根本から変えた。この点を理解すれば、アメリカの国家戦略も容易に理解できる。中国を含むいかなる国も自国のあり方に基づいて国家戦略を定めて実施する。西側諸国の説によれば、中国の現在のあり方は世界の工場だと言われる。世界の工場になるには、まず資源やエネルギー源を手に入れてから製品を造らなければならない。中国の国家戦略もすべてこれをもとにしなければならない。しかし、アメリカは違う。アメリカは紙幣印刷機を回すだけで生きていける。米ドルはアメリカしか生産できない「特殊な商品」になっており、しかも世界中の国々が必要とする特殊な商品なのだ。なぜなら、世界のどの国でも石油を必要とするので、石油を買うためにまず米ドルを手に入れなければならないからだ。これは古今東西すべての帝国よりも成功している戦略的な設計であり、どんな理論を用いても、世界経済の発展の必然的な方向であるとも、いわゆる「グローバル化」の必然的な結果だとも解釈することはできない。なぜなら、事実としてまぎれもなく、まず先に米ドルと石油のリンクがあって、そのあとに「グローバル化」があったからである。言い換えれば、いわゆる「経済のグローバル化」は「米ドルのグローバル化」の結果であって、原因ではない。過去40年間で、アメリカは国のあり方を米ドルによって運営される体系へと完成させた。私たちはこれを戦略的な金融体系と呼ぶことにしよう。

経済のグローバル化の本質は米ドルのグローバル化

この戦略的な金融体系を達成すべく、アメリカは自国の利益のため経済のグローバル化を推進する必要があった。一番先に必要なのは全世界の分業、すなわちいわゆるグローバル化である。勢いを付けるために、さらにはアメリカ型のグローバル化を全世界の人々に広く認めさせるために、旗を振って大声で叫ぶ理論がなければならなかった。そしてアメリカ人はケインズを捨て、ミルトン・フリードマンの新自由主義経済理論を選び、アメリカが主導するグローバル化の道を切り開く道具とした。全世界の分業を合理的に見せ、経済の法則を踏まえているように見せるため、アメリカ人は比較優位性の理論を用いて世界を二つに分けた。一つはアメリカであり、アメリカ人は自国の優位性が米ドルを印刷することだと考える。もう一つは全世界である。では、全世界の優位性はなんだろうか？　例えば中国、その比較優位性は大量の安い労働力にあるという。中国の発展はこの優位性を利用するしかない。こうした理論は実に説得力が抜群である。比較優位性理論に従うと、アメリカは永遠に世界経済のインダストリーチェーンの頂点にあり、中国のような大量の安い労働力を抱える国は、否応《いやおう》なしに労働集約型産業を発展させ、経済のインダストリーチェーンの底辺に置かれ、永遠に変わらない。ほかの国もこのようにそれぞれのしかるべき位置にあれば、全世界の分業体系は完成するわけである。

アメリカを片一方、全世界をもう片一方として、アメリカが米ドルの印刷を担当し、全世界は米ドルで買う商品を生産する。これこそアメリカが主導した全世界の分業体系の本質である。

ここから始まったグローバル化の波は全世界を席巻《せっけん》した。

この意味でいえば、比較優位性理論は新興国家に宿命を認めさせる——安心してアメリカのために働かせるものなのだ。

では、上述した双方の関係が形成されてから、アメリカと全世界との間にどんな状況が出現するのだろうか？

アメリカは自国の金融システムを使って、全世界をしっかりとアメリカに縛りつけるのである。アメリカから世界に米ドルを輸出し、世界からアメリカに製品を提供する交易モデルは、全世界の財産をどんどんアメリカに集中させるという結果をもたらしている。アメリカのGDPは1990年までの200年余りにわたって、最高でも7兆ドルに過ぎなかったが、その後のわずか20年間で2倍以上の18兆ドル近くにまで急増した原因はまさにここにある。こうしたGDPには、どれだけ新興国家、とりわけ「メイドインチャイナ」の貢献があったのだろう。アメリカの経済学者は誰一人としてこの点を指摘せず、アメリカの政府関係者も絶対にこれを口にしない。それどころか、逆に中国の長年における対米貿易の黒字はアメリカからうまい汁を吸っていると非難する。まったくふざけた話である。遠く過去の例を挙げるまでもなく、2011年の米中貿易を例に挙げると、中国の対米輸出総額は4334億米ドルであり、その多くはシャツや玩具《おもちゃ》の類《たぐい》の安価な製品である。その価格は2ドルから数ドル程度しかないが、アメリカの店では十数ドルから数十ドルに値上げして売られている。中国の4000億ドル余りの輸出額はアメリカ経済に数兆ドルにのぼるGDPを創出していることになる。全世界の人々がアメリカの豊かさを羨《うらや》ましがっている時に、誰がこのような計算をしただろうか？　いうまでもなく、こうした驚くべきGDPや莫大《ばくだい》な富をどうやって手に入れたのか、アメリカ人は全世界の誰よりもはっきりとわかっているはずである。

これは搾取でも略奪でもなく、市場経済だと主張する人がいるだろう。片手でカネを渡しながら片手で商品を受け取るという「双方の自由意思」による公平な交易で、少なくとも新興国家が自分自身の発展のために払わなければならない対価である、と彼らは言う。しかし、識見のある人なら見抜くことができる。アメリカが市場経済という大きな旗を振りながら、全世界に米ドルを輸出し、知らず知らずのうちに金融植民帝国を築き上げた。この帝国は領土の拡大を求めず、公然とした略奪や他国民の酷使を行わなくても、他国の財産を手に入れることができる。中国の一部の善良な知識人は、アメリカは正義と民主主義を重んじる国だとして、アメリカの弁護をしている。その理由は、アメリカは他国の一寸の領土も占領していないということだ。表面的には説得力があるようだが、米ドルを用いて他国を占領することはもっとコストの安い占領ではないか？　統治のコストさえほとんど払わなくてもよいほど安い。米ドルがその国で流通さえしていれば、そしてその国に米ドルが必要で外貨が必要であるならば、アメリカは米ドルを通してその国を占領することができる。その国の資源を略奪する必要などなく、ほとんどコストのかからない紙を使って、その国から実物の財産を持っていく。これは歴史上の帝国の略奪とは違うのだろうか？　アメリカはたしかに従来の植民地主義者のように直接に中国人を酷使していない。しかし、アメリカは酷使を郭台銘《かくたいめい》の「フォックスコン」社にやらせている。フォックスコン社が中国の労働者を最低賃金で雇用し、ぼろ儲《もう》けしている。ジョブズのあるアイディアが製品になって、一つの製品から人民元で2000元の利益が得られた場合、中国の資源を消費し、中国の環境を汚染し、中国人の労働を使った結果、アップル社から生産者側に渡される利益はわずか200人民元。しかも、その中には郭台銘の取り分も含まれているのだ。考えてみよう。この金融帝国の設計から運営に至るまで実に巧妙で、アメリカ人なら恥ずかしくてとても帝国としては認められないほど巧妙にできている。しかし、それでもまちがいなく帝国であり、人類史上にかつてない金融帝国なのである。

金融という魔法の杖

アメリカの国家としてのあり方

FRB議長を務めたグリーンスパンは就任した当日、彼の同僚たちに「ここ（FRB）ではどんなことを議論してもよいが、ドルの話だけはするな」と警告したとされる。ドルはタブーであり、アメリカ人は国家存亡にかかわる議題については深く隠し、絶対に口を割らない。したがって、アメリカの国家戦略を探るには、アメリカ人がなにをしゃべっているかを聞く必要はなく、あり方を調べなければならない。アメリカ人は自分の国家戦略の構想をたくさん話しているが、これらすべての戦略的構想の後ろにある目的はたった一つだけ、すなわち、世界における覇権的地位を守ることである。それでは、アメリカ人はなんのために覇権を必死に守っているのだろうか？　答えもたった一つしかない。世界唯一の超大国としてのあり方を維持するためである。

米ドルと金の切り離しから現在まですでに45年が過ぎた。アメリカは全世界で「パーフェクト・ストーム」とも言える運動――グローバル化を推し広め、紙のドルの上に歴史上、前例のない金融帝国を築き上げた。この帝国は触角を地球のすみずみにまで伸ばし、かつて「太陽の沈まない国」として自慢していた大英帝国をはるかに超え、米ドルを星条旗と同じように地球上のあらゆる場所に揚げ、機械仕掛けのように同一の行き来をくり返す――米ドルが世界へ流れ、富がアメリカへ流れる。

このような紙を富と交換するゲームを波の如く押し寄せてくる経済自由化の結果であるかのように見せ、少数のアメリカ人が丹念に作った20世紀後半の人類社会の発展に深刻な影響を与える金融戦略を隠すため、これらのアメリカ人は公開されている国家戦略において一度もこの話題に言及していない。聞くところによると、かつてFRB議長を務めたグリーンスパンは就任した当日、彼の同僚たちに「ここ（FRB）でどんなことを議論してもよいが、ドルの話だけはするな」と警告したとされる。これはタブーであり、アメリカ人はこのアメリカの生存にかかわる問題について、ひたすら深く隠し続けているのである。

アメリカを知るには、まずアメリカの国家としてのあり方を知らなければならない。したがって、アメリカの国家戦略を知りたいなら、アメリカ人の話を聞かない方がよい。彼らはアメリカの国家戦略構想をたくさん話してくれる。しかし、これらの戦略構想の裏に隠されている目的はたった一つしかない。それはこの世界での覇権的な地位を守ることである。それでは、アメリカはなぜ覇権を必死に守るのだろうか？　その答えもたった一つしかない――

世界唯一の超大国としての国家のあり方を持続するためである。したがって、アメリカの国家戦略を知るための最もよい方法は、アメリカ人の話を聞くことではなく、アメリカの国家としてのあり方を知らなければならないのである。

過去40年の間に、アメリカ人は彼らにとって一番よく、また一番便利な国家のあり方を見つけた。それがすなわち金融の手段を用いて全世界の富をアメリカに移すことである。アメリカ人は、自分で製品など生産しなくても、たった一つのモノだけ作れば豊かになり、世界のどの国の人よりもよい生活ができる、ということに気づいた。それはドル札を印刷することである。アメリカ人はドル札を生産するだけで裕福な生活を過ごせるという意味において、アメリカの最も基本的な国家としてのあり方は金融立国だと言える。

この点を知っていれば、なぜ過去40年にもわたって、アメリカはいわゆるゴミ産業や斜陽産業を次々とほかの国へ、中国を含む新興国家へ移転し、自国の70％の就業人口が金融業かそれに関連するサービスに就職しているのか、私たちは理解することができる。

中国人は「厚さ1メートルの氷は1日の寒さではできない」ということわざをよく口にする。歴史の移り変わりには必ずその軌跡が残る。１９５６年には、人類の経済発展史上ではめったに話題にならないながらも、ここで言わなければならない重要なことが起きた。アメリカのホワイトカラーの人数がはじめてブルーカラーを超えたのである。これは、アメリカの物的なものの生産量はほぼ需要を満たし、サービス業が経済の主要な部分を占め始めたことを意味し、アメリカがポスト工業時代に入ったことを示すものであった。しかし、この時のアメリカ人は、ある種の真新しい形態の経済が彼らを待ち受けていることを予測できなかった。それは「金融経済」である。この時にはアメリカはすでに、米ドルの覇権がアメリカになにをもたらすかをはっきりと認識していたにもかかわらず、やがて斬新な時代を迎えることを意識していなかった。

それからわずか半世紀も経たないうちに、アメリカ人はドルとITとを融合した究極の「金融経済」を作り上げ、「実体経済」との落差を極端に拡大させた。21世紀に入った時点で、全世界のGDPは46兆米ドル、年間貿易総額は7兆米ドルにすぎなかったのに対して、金融の取引額は700兆米ドルに達し、貿易総額の100倍にもなっていた。そして今は、全世界の実体経済のGDPはやっと70兆米ドルを超えた程度であるが、金融の取引額はなんと2000兆米ドルに達している！　これはITの急速な発展が重要な役割を果たしており、金融経済の成長を大いに刺激し促進した。これによって一番儲《もう》かった者は誰だろうか？　言うまでもなくアメリカだ。金融経済のおかげでアメリカ人は成金になり、90年代から、アメリカは連続して100か月以上の長期景気を実現した。富が急増すれば、アメリカの人件費も当然高くなる。こうした変化がもたらした結果として、アメリカの製造業（主に中低技術の製造業）が中国などほかの国へ移転し、アメリカの産業空洞化を起こし、実物の生産に従事する人口はますます減少した。

では、このような状況において、アメリカとほかの国との関係はどうなっているのだろうか？　経済学の言葉でこの関係を説明するより、中国の有名なオペラに登場する二人の人物

──「地主の黄世仁《こうせいじん》」と「作男の楊白労《ようはくろう》」──をめぐるストーリーの方がもっと正確に説明できるかもしれない。それにこの地主と作男の関係は双方向になっているのである。これは今までいかなる経済学者や経済学の教科書も、経験したこともない新しい経済関係である。すなわち一方では、アメリカは地主の役を演じ、手中の米ドルを使ってほかの国（作男）を搾取しながら、もう一方では、アメリカは作男の役も演じ、ほかの国から借金して、世界最大の債務者になっている。このように二役を同時に演じる経済現象は、人類史上未曾有《みぞう》の奇観であり、どの経済理論をもってしても解釈できない現象を作り出している。この現象は、アメリカが持っているカネはアメリカ人自身のカネではないのに、全世界の大半の富はたしかにアメリカの富になった、ということを意味する。アメリカは借りたカネを使って投資したり、アメリカから他国に移転した生産ラインで造られた製品を買ったりして、アメリカ人の生活を豊かにしている。そのため、アメリカが自国の経済の繁栄を維持するには、さらに多くの国際資本がアメリカに流入するようにしなければならない。国際資本がアメリカに流入するようにするには、米ドルの支配的な地位を保たなければならない。これこそアメリカの強大と繁栄を保持する力の源である。深層の仕組みは私が描いたものよりはるかに複雑かもしれないが、専門家ではない多くの人々にとっては、次のことさえ理解できれば十分である。「米ドルの支配権を保持することは、アメリカの国家のあり方──彼らが自慢する民主主義政治から経済の繁栄まで──を保持する上での前提であり土台である」。

これがアメリカにとって核心的利益であり、生命線である。

ドル指数の周期律：「ジェットコースター」と「羊毛刈り」の原理

米ドルは金融帝国の最も重要な利益獲得のツールである。貨幣である以上、発行量にともなって、為替《かわせ》レートが周期的に上昇したり下落したりする。周期があれば上下の曲線が描かれる。米ドルが金から切り離された1971年8月15日からは、米ドルの為替レート指数が表示されはじめたが、人々がこの指数の周期律の恐ろしさを発見するまでにはかなり長い年月を必要とした。米ドルが金の束縛から解放されたことは、無制限に流動性を放出してもよい、すなわち無制限にドル紙幣を印刷してもよいということに等しい。実際にもそのとおりであった。

アメリカは金の縛りを外してから、まもなく適時に大量のドル紙幣を印刷した。これらのドル紙幣が全世界へ放出されると同時に、米ドルの為替レートの下落も避けられなかった。これはまるでアメリカがダムの水門を開いて水を放出し、ほかの国は洪水の氾濫《はんらん》を受け入れるようなものであった。資金不足の国にとって「FRBが定額以上に放出する流動性」は、「久しく干ばつに見舞われた土地」に「灌漑《かんがい》」の水が来る如くである。大量の投資を受けた国の経済は好転し、さらに「経済の奇跡」が現れる国もあった。

この時、アメリカは自国の経済の繁栄を利益に変換するために、これらの国で増えた富を資本の形に変え、アメリカへバックフローさせることでアメリカの経済を潤わせようとしているということを、これらの国はまったく想像だにしなかった。アメリカのやることはたった一つだけ、ダムの水門を閉めて、米ドルの流通量を減らすことである。米ドルの流通量を減らせば、大量に放出したために弱くなっていた米ドルが再び強くなる。さらに重要なのは、これによって今まで経済が繁栄していた地域は米ドルの突然の不足や欠如で不況に陥り、投資者は資金をもっと魅力的でもっと収益の高いアメリカへ移すことである。つまり、全世界で資本の大移動を起こすのである。

ここ40年余りの間に、アメリカは毎回水門を開き全世界へしばらく水を放出しては、また水門を閉め流動性を減らす、というプロセスをくり返してきた。水門を開いて水を放出することと水門を閉めて水を減らすことの間には、米ドルの為替レートの上昇と下落が現れ、波のような周期律を描いている。

40余年後、まず日本の岩本沙弓《いわもとさゆみ》氏（注7）がこの米ドル指数の周期律を発見した。いずれも32か月上昇してから下落期に入り、65か月間の下落期は二回続く。また、西安《せいあん》の戚燕傑《せきえんけつ》博士も数学モデルを使って米ドルの指数を研究したところ、岩本沙弓氏と非常に似たような結論にたどり着いた。これとほぼ同じ時期に、鄭州《ていしゅう》の時寒氷《じかんひょう》博士もこの問題に気付いた。彼もこの現象はほとんど米ドルの周期律になっていると考える。

40数年間にわたり、米ドル指数は毎回約10年に及ぶ長い下落の周期が終わると、長さ6年ぐらいの上昇周期に入る。そしてアメリカ政府やＦＲＢは金利という魔法の杖《つえ》を振りかざして、全世界の経済をジェットコースターのように、米ドルの上昇と下落の波に乗せて暴走させる。すべての国の経済の行方はこうして大きく揺られながら、あの「神様の見えない手」のかわりに、アメリカの手によって、しっかりと操られコントロールされている。毎回の幻の繁栄が終わったあと、バブルは崩壊し、各国が深刻な経済危機に陥った時に、アメリカが全世界から富を収穫する季節になる。

この時、ＦＲＢは必ず金利引き上げの突撃ラッパを吹き、全世界の投資家が一斉に経済危機に陥った地域から資金を撤退させ、大量の資本をアメリカへ流れさせる。すでに産業空洞化したアメリカの経済はほとんど金融経済になっているため、全世界から流れ込んだ資本はほとんど三大市場、すなわち株式市場、債券市場、先物市場へと向かい、アメリカに大きなブルマーケットをもたらす。１９７１年8月15日に米ドルが完全に紙になってから、アメリカ人はこのようなマネーゲームを使ってぼろ儲けしてきた。毎回いっぱい儲かったあと、経済が大きなダメージを受けた国の優良資産を買いあさる。

これを言い換えれば、アメリカが米ドルというハサミを振りかざして、羊の体から羊毛を刈ることである。

米ドル禍Ⅰ：南米の金融危機

金利の下落と上昇は水門の開閉の如く、全世界の経済もその衝撃で大きく揺れる。過去40年の間に、ＦＲＢは思うままに操作し、五回も水門を開いては（金利を下げる）水門を閉めた。各国は金融のジェットコースターに乗せられ、米ドルの灌漑を受けるすべての国は放水の時に潤っていても、いったん水門を閉められると、逃げられずに悲惨な目に遭う。とりわけ、最も深刻なのは南米の金融危機と東南アジアの金融危機であった（これには１９８０年代の末期、アメリカの金利引き上げがヨーロッパの経済にもたらした「失われた5年」と日本経済の「失われた20年」が含まれない）。

一回目は米ドルと金が切り離された1971年8月15日以後であった。米ドルは初めて束縛されずに全世界に水門を開いて放水し、水の向くところに豊富な流動性をもたらした。南米の国々はアメリカに近いだけに一番先に「恩恵を受けた」。放水は20世紀70年代に南米の経済発展を促進し、アルゼンチンのような国の一人当たりのGDPは一時的に先進国の入り口まで届いた。ところが、70年代の末期から80年代の初期にかけて、アメリカのインフレ率が13・5％まで高騰し、スーパーインフレまであと一歩のところまで来た時、FRBは金融を引き締める方向へ切り換え、マネーサプライを減らし、インフレを国外に締め出そうと決めた。ここで米ドル指数の下落期が終わり、上昇しはじめた。

この時、アメリカには強いドルを利用して国際資本を引き付け、自国の経済を支える必要があった。これはアメリカが初めて金融という魔術を使う試みであった。その手法は次のようなものである。

まず下流に放水し、その後、流れを縮小する。どこかに問題が起き、投資家たちが撤退しようと動き出すと、FRBはこのチャンスに乗じて金利を上げる。投資家たちは米ドル資産のハイリターンを追い求め、経済状況が悪化した国から一斉に逃げ出し、アメリカの債券市場、株式市場、先物市場になだれ込む。もちろん一般的にはこのような状況は自然に起きることはない。言い換えれば、条件と要素は「完璧《かんぺき》に」そろって出現することはない。しかし、もしこの地域に政治的な動乱や軍事衝突が起き、危機的な状況が発生したら、話はまったく異なるであろう。資本のこの地域からの脱出は加速するにちがいない。これは水が99℃に加熱され、沸騰まであと1℃だけ必要だという状況に似ている。その地域の危機的な状況の発生は最後の1℃を加熱することになる。南米の金融危機はまさにこのようなものであった。流動性の不足で金融危機の兆しが現れはじめた最初のころには、資本はゆっくり撤退し、大量の資本がアメリカへ流れる現象はなかった。この時点で、アメリカにとって一番の望みは、南米の国の指導者が過ちをすることであった。もし過ちをしてくれなければ、アメリカが彼の過ちを誘導しなければならない。

不幸なことに、経済状況の悪化につれて、南米の国の指導者は過ちを犯しはじめた。アルゼンチンのガルティエリ大統領はタイミングよく自らの過ちをもって、アメリカが必要とした条件を満たしてくれた。彼は将軍として軍政府をつくり指導していた。アルゼンチンの経済が良好な時は、国民は軍政府に寛容的であったが、米ドルの流動性が縮小し、南米で金融危機が出現するにつれて、アルゼンチンの経済も悪化した。国民の不満をなくすため、ガルティエリ大統領は軍事的な冒険を利用して危機を転嫁し、国民の視線をそらそうと考えた。彼はフォークランド諸島を思いついた。戦争を起こして、アルゼンチン本土から600キロ余り離れており、数百年間にわたってイギリスに支配されてきたこの島を取り戻すことを決めた。

しかし、「アメリカの裏庭」である南米の国として、これだけ大きな事件を引き起こす前に、まずアメリカの考えを探らなければならないということを、ガルティエリ大統領は当然よく知っていた。それで彼は当時のアメリカのレーガン大統領にフォークランド諸島を取り戻したいという願望を伝えた。レーガンの答えは、今日アメリカが釣魚島《ちょうぎょとう》（尖閣《せんかく》諸島）や黄岩島《こうがんとう》（スカボロー礁）の問題について中国に答えたメッセージと同じように、「立場を持たず、双方のいずれにも偏らない」であった。レーガンはガルティエリに、「これはアルゼンチンとイギリスの間の問題である」と言った。レーガンの話を聞いたガルティエリは有頂天になった。彼はこれがアメリカの立場だと思い、安心してメネンデス将軍率いる7000人余りの軍に命令を発し、いとも簡単にフォークランド諸島を占拠した。ところが、ガルティエリは「鉄の女」と呼ばれるサッチャー首相の決意を過小評価した。サッチャーがはるかに遠く離れたイギリスからフォークランド諸島に艦隊を派遣するとは予測しなかった。さらにガルティエリの見当が外れたのは、アメリカのレーガン大統領が中立の立場を放棄すると宣言し、イギリス側に立ったことであった。その結果は想像に難くないが、アルゼンチンは戦争に敗北した。

しかし、これは最も重要なことではない。最も重要なのは、この戦争が南米地域に危機的な状況をもたらし、世界中の投資家が南米はすでに戦争状態にあり、投資環境が悪化したと認識したことである。資本は相次いで南米から逃げ出して、アメリカへ流れ込むようになり、最終的には南米全土に金融危機の勃発《ぼっぱつ》を引き起こした。この時、FRBは見事にタイミングを計り、金利引き上げの突撃ラッパを吹いた。投資家たちはほかに選択の余地などなく、投資先をアメリカへ向け、アメリカ国債などの金融資産を購入した。アメリカ人はしっかりとぼろ儲けした上に、儲かったカネを逆に経済の廃墟《はいきょ》と化した南米に投じて、最安値となった優良資産を買い取る。
戚燕傑博士の調査によれば、1978年10月〜1985年2月までの6年間には、米ドル指数は「84・13から128・44まで上昇し、最大時には52％膨張した」（別の説では、戚燕傑博士のデータと異なり、同期間中に米ドル指数は83・07から164・75まで急騰し、100％近く膨らんだ）。米ドルの大幅な値上がりが南米にもたらした債務危機によって、先進国の仲間入りするところだったアルゼンチンは再び発展途上国、さらには後進国に落ちぶれた。一方のアメリカは米ドル指数のアップダウン周期を利用して、南米の経済に対する略奪を完璧に遂行した。

こうした金融戦争に成功した経験から、アメリカは金融を用いて相手国に打撃を与える手段がますます巧みになった。1985年9月22日、ニューヨークのプラザホテルで、アメリカは西側の5か国とともに日本に円高を迫った。日本はこれをまったく警戒せず、「市場経済だからこの要求は当然だ」、「日本の製品はたくさんアメリカに輸出され、日本は大量の貿易黒字を抱えているから、アメリカが円高を利用して膨大な貿易赤字を減らしたいという考えはよく理解できる」と思い込んでいた。

聞くところによると、当時の竹下登《たけしたのぼる》大蔵大臣は「円高ですか？　OK！　いくら円高にすればいい？」と自信満々に承諾したという。その結果、その後のわずか数年の間に、1ドル／230円台から1ドル／120円台まで一気に円高になり、日本円は約2倍に値上がりした。日本の輸出は深刻な打撃を受け、日本はやっとはめられたことに気づいた。ピンチをチャンスに変えるべく、製品の輸出を日本円の輸出に変えることにした。円高になると、円の購買力が上がり、日本円で海外の資産を買い取るのに好都合である。ところが、今度は日本人は日本円の値上がりに興奮して、「アメリカを買う」と叫び出した。アメリカの金融覇権のシンボルであるウォール街のエンパイアステートビルや、アメリカの文化覇権を象徴するハリウッドのコロンビア・ピクチャーズを買収したのはその代表例であった。しかし、アメリカはすぐに「バーゼル規制」の「銀行の準備金率は8％以上でなければならない」という厳格な基準を用いて、日本の「輸出の損失は海外投資で補う」という思惑を叩《たた》きつぶした。

結果、日本にとっては悔しいものとなった――戦争でアメリカに敗れたあと、経済でもまたアメリカに負けた。アメリカは円高を要求した時から、日本のあの手この手の抵抗を解消して、少しずつ日本のバブル経済をつき破っていき、1990年以後、日本はついにバブル崩壊に至った。日本人自らの言い方を借りるならば、日本経済は「失われた10年」に続いて「失われた20年」になり、そして今は「失われた30年」になろうとしているというのだ。

「プラザ合意」(注8)をもって円高を定めたと同時に、アメリカはその勢いで日本に対する貿易赤字を改善し、二回目の米ドル下落周期をスタートさせた。今回もまた容赦なく水門を開いて放水し、大量の米ドル資本を新しい「洪水受け入れ地」――東アジアとくに東南アジアへ流した。一時的にはこの地域の経済は繁栄を見せ、アジアの「4匹の龍」(訳者注：韓国、シンガポール、台湾《たいわん》、香港《ホンコン》)や「4頭の虎」(訳者注：中国ではインドネシア、タイ、マレーシア、フィリピンの四か国を指す)が流行語のように叫ばれて、それらの国々は有頂天になり、これは

「東洋人の知恵が創った経済奇跡」だと本気で信じていた。日本人と韓国人はさっそくほかの国に、自分たちがいかに中国の『孫子兵法』や『三十六計』をマーケティングや経営管理に使ったか、その「成功の秘訣《ひけつ》」を伝授しようとした。彼らは忘れていたのだ、このすべてが豊富な米ドルの流動性の上に建てられた砂上の楼閣にすぎず、いったん流動性が枯渇すると、すべてが蜃気楼《しんきろう》の如く一瞬のうちに消えてしまうことを。

米ドル禍Ⅱ：東南アジアの金融危機

もし、南米の金融危機が個別の現象であるならば、それは偶然に起きた小さい事件にすぎず、米ドル指数の周期律にまで関連づけられることはないであろう。しかし、潮の満ち干のように正確に周期を描いているものであった。1987年、あの「ブラックマンデー」に見舞われて、アメリカの株式市場は大暴落し、FRBは緊急対策として金利引き下げをした。緊急対策が功を奏して、株価の暴落がアメリカの経済に深刻な影響を及ぼすことはなかったが、その後、国際情勢に一連の劇的な変化が起こった。湾岸戦争が石油の価格を暴騰させ、米ドルの需要を高めたのだ。FRBは世界経済の不安定に対応するため、通貨の量的緩和策を打ち出した。これは再び水門を開き放水することを意味する。今回の目的地は東南アジアであった。洪水のような米ドルの「恩恵」を受け、東南アジアさらにはアジア全体の経済が繁栄し、一時的には「4匹の龍」や「4頭の虎」が最盛期を迎えた。

「種を蒔《ま》けば収穫がある」。1994年、インフレーションが再び起きる心配から、FRBは金利を3%から8%に引き上げ、長期にわたって弱かった米ドル指数は再度強くなりはじめた。今度はアメリカは米ドルの灌漑でどんどん潤っていた東南アジアに照準を定めた。ただし、この時は、アジアではフォークランド戦争のような事件が起きる可能性はなかった。しかし、問題はない。危機的な事態を起こせばよいのだ。

ソロスと彼のクォンタム・ファンドをはじめ、全世界のヘッジファンドがタイの金融の扉をこじ開けて、バーツ対米ドルの為替レートを大幅に下落させ、アジア金融危機の幕開けとなった。まもなく金融危機はドミノのようにアジア全域に急速に広がり、タイからマレーシア、シンガポール、インドネシア、フィリピン、日本、韓国へと飛び火し、最後にロシアにまで燃え広がった。東アジアでは唯一中国のみが免れた。これは中国が先見の明があったわけでもなければ、中国が万全な防止策を講じたわけでもなかった。ただ資本の市場開放をしていなかっただけのことである。市場の閉鎖が防波堤になり、中国はアジア金融危機の打撃から逃れることができたのだ。

今になって南米と東南アジアの経済危機を振り返ってみると、二回の危機にはまったく同一のルートと手段が使われ、ある種の周期性と法則がうかがえる。言い換えれば、東南アジアの金融危機はほとんど南米の金融危機の再現であった——最初は米ドルの水門を開いて放水し、米ドル指数が下がり、大量の米ドルが東南アジアに流れ込み、その地域の経済が繁栄する。「4匹の龍」や「4頭の虎」が豊富な米ドルの灌漑の恩恵を受け、すこやかに成長していく。しかし、都合のよいことは長くは続かない。東南アジアの経済が勢いよく成長しているさなかに、アメリカはドルの流動性を縮小し、ドル指数を上昇させ、東南アジアの経済もそれに従ってつぶされていく。これは金融派生商品市場における典型的な投機的手法の拡大版であり、国家レベルの金融投機といえる。それは実は空買いと空売りの二大技巧にほかならない——まず左手で米ドルを輸出して「空買い」する。つまり水門を開いて放水し、標的となる国や地域に豊富な流動性を提供して、そこの経済を繁栄させる。次に右手で資本をバックフローさせ「空売り」する。すなわち水門を閉めて断水し、今まで豊富な米ドルの恩恵を受けていた国や地域で突如として流動性不足による危機を引き起こし、繁栄期につくられた財産を資本に変え、危機の恐怖と混乱の中でアメリカへバックフローさせる。このような操作によって、多くの国と地域で繁栄と不況のくり返しを起こして、何回も見事にアメリカに利益をもたらしている。

アメリカが手のひらをひっくり返すたびに、全世界の経済は嵐に見舞われる。まず南米があり、後に東南アジアにもやって来た。ソロスのヘッジファンドはタイのバーツをねらって引き金を引いたことから、東南アジアの金融危機を勃発させた。投資家たちは東南アジアの投資環境が悪化したと認識し、一斉に撤退した。どこへ行こうか？　アメリカだ。金利を引き上げられた米ドル資産は競って買われ、アメリカのブルマーケットはこのように盛り上げられた。アメリカ人はぼろ儲けしてから、再びめちゃくちゃになったアジアに戻り、破格の値段でアジアから優良資産を買い取る。韓国の主婦たちが指輪やブレスレット、ネックレスなどの貴金属を韓国政府に寄付する光景はいまだに記憶に新しい。韓国政府はこれらの貴金属を売りさばいて、より多くの外貨を手に入れることによって、韓国の有名ブランドがアメリカ人に買い取られアメリカ人の資産になることを防いだ。二回の金融危機が米ドル指数の周期律にきわめて一致し、緊密な相関関係があったことは事実が証明している。米ドル指数が上昇して南米の金融危機を引き起こしたのと同様に、今回では、米ドル指数が6年間の上昇周期において、すなわち「1995年4月~2001年7月において、80・05から121・01に上昇し、最大増幅は51%に達している……米ドルの上昇はアジア金融危機および新興市場の通貨の大幅な下落を引き起こしたのである」（注9）。二回の危機を照らし合わせてみれば、深く考えさせられるものがある。

金融危機は三回目の「羊毛刈り」を台無しにした

米ドルが白紙委任状のようなただの紙の貨幣になってから、市場経済は何回も資本の冷酷な貪欲《どんよく》さによって崩壊まで追いつめられた。2000年末、アメリカの経済ではITバブルとナスダックバブルが相次いで崩壊し、翌年の「9・11」同時多発テロはアメリカの経済にさらなる打撃を与えた。不況の嵐を止めるため、FRBはやむを得ず再び水門を開いて放水し、何回も金利引き下げに踏み切ったのだ。この一連の措置はアメリカの不動産バブルを膨らませ、一時的にはアメリカ経済を強力に回復させたが、インフレーションの加速への心配から、FRBはまたもや連続して十七回も金利の引き下げを行った。その結果、「とても美しく見える」不動産バブルがつき破られた。2008年、サブプライムローンが深刻な金融危機を引き起こした。金融ゲームに遊びなれているアメリカ人も、残念ながら今回は「猿も木から落ちる」ことになり、米ドル指数の上昇トレンドも消えた。アメリカはやむを得ず救済措置として七回も連続して流動性を放出した（ブッシュ・ジュニア政権三回、オバマ政権四回）。これはつまり、また水門を開いて放水することになる。当然ながら、低迷していた米ドル指数をさらに下落させた。実体をともなわずに印刷された約3兆ドルの紙幣は、アメリカ金融機関の不良資産を薄めて、アメリカの金融危機を軽減したと同時に、アメリカは一連の放水で自分の危機を全世界に輸出した。余分に印刷された米ドルは中国などの国や地域に流れ込み、これらの国と地域の流動性を豊富にしたとともに、これらの国と地域の米ドルの流動性への依存をつくった。

さらに重要なのは、量的緩和（注10）によってアメリカの経済が次第に回復しはじめたことであった。ところが、アメリカ経済の好転にともなって、各国の米ドルへの依存もますます深刻になっていたところ、アメリカは量的緩和の終了を決めた。

その情報が披露されたとたんに、米ドルを最も多く受け入れた国から流動性の不足が次々と出現しはじめ、経済情勢も程度の違いこそあれ、どんどん悪化していった。もっとも、こうなってもアメリカがこれらの国から「血を吸う」ための条件を満たしていない。前述のように、ある地域から血を吸うために、まずこの地域の投資環境を悪化させなければならない。

例えば、この時には、アメリカにとってはいうまでもなく、資本がヨーロッパに留《とど》まってほしくないのである（ヨーロッパはずっとアメリカと資本の争奪をしていたからだ）。資本をヨーロッパから追い出す最もよい方法は、ヨーロッパに地域的な危機を発生させることである。そこにウクライナ危機がタイミングよく起きた。全世界の人々が注視する中、プーチン大統領がこの機に乗じてクリミアを取り戻した一幕だけはアメリカの想定外であったが、これを除いてほかはすべてアメリカの予定したシナリオにしたがって上演されたのである。アメリカは見事にウクライナ危機さらには内戦を通して、ヨーロッパを不安定な情勢に陥れ、その上、クリミア事件を利用して、アメリカとともにロシアに制裁を加えるようヨーロッパに迫った。

制裁は諸刃《もろは》の剣《つるぎ》である。ヨーロッパはロシアを制裁し、プーチンに米ドルの獲得をさせないと、自分もロシアからエネルギーを入手できなくなる。この選択はヨーロッパにとっては苦しいジレンマである。しかし、アメリカにとっては一石二鳥であり、ロシアの石油輸出を阻止し、ロシアの経済に打撃を与えると同時に、ヨーロッパを窮地に追いつめることもできる。ついでにシェールオイルに対する需要を創出することもできる。

ヨーロッパの資本が逃げ出したくなるその時に、ＦＲＢはヨーロッパからの資本の撤退を呼びかけるべく、ふたたび金利引き上げのラッパを吹く準備をしていた。ところが、アメリカの思いもよらないところから、国際資本の流れを変えた国が突然現れた——中国である。

この時の中国は、経済成長は鈍化を見せていたとはいえ、依然として世界で一番高い伸び率を有していた。アメリカは、情勢不安によってヨーロッパから撤退した資本がまっすぐにアメリカへ向かうと期待していたが、中国というバイパスがその途中に現れたのはまったく想定外であった。世界一の成長率を誇る中国経済はやはり国際資本が高く評価する投資の標的になる。その上、「上海《シャンハイ》—香港ストックコネクト」に誘惑されて、結局、ヨーロッパから撤退した約

1兆ドルの資本がアメリカに向かわず、香港に流れ込んだ。これではどうすればよいのか？アメリカの講じられる唯一の手立ては、なんとかしてこれら1兆ドルを追い立てることである。そのためには、中国の周辺地域で厄介な事態をつくり、地域的危機を引き起こし、中国の投資環境を悪化させることによって、資本の撤退を促さなければならない。

なぜアメリカはこのようにしなければならないのだろうか？　実はアメリカの国家としてのアイデンティティの変化と関係しているのである。1971年8月15日に米ドルと金が切り離されたあと、アメリカでは実体経済の海外移転と国内産業の空洞化が進んできた。大量の米ドルの輸出は、必ず同時に海外から大量の商品を輸入しなければならないことを意味するが、そのため、アメリカの経常収支は赤字が常態化している。しかしアメリカにとっては、一つだけ絶対に赤字を許さない事項がある。それは資本である。資本はいつも黒字でなければならない。資本の黒字を保持するために、アメリカから全世界に輸出した資本を最終的にアメリカにバックフローさせなければならない。こうしてドルがまたアメリカ人の手に戻ってきて、彼らは再び全世界から商品を買ってくる。

アメリカがここ20年の間に起こした数回の戦争は、このような米ドルのバックフローを保障するためのものでもあった。すなわち、米ドルをスムーズに海外へ流出させるだけでなく、全世界を流れる資本をスムーズにアメリカへバックフローさせなければならないのである。もし資本が帰ってこなければ、アメリカはさらにカネを印刷し続けなければならないが、ドルはまったく価値のない紙くずになってしまうまで下がっていく。アメリカ人は当然このことがわかっているはずである。

したがって、アメリカはいつも左手でドルをばら撒きながら、右手で撒いたドルを国債か投資の方式で回収する。このやり方は一種の循環システムとなり、アメリカの生存を維持しているので、アメリカはなんとしても資本のバックフローを守らなければならない。資本をアメリカにバックフローさせるには、二つの方法しかない。

一つはアメリカ自国の経済が好調で、技術革新が経済成長を牽引《けんいん》し、世界各地から資本を誘致する魅力があるというもの。もう一つは、ほかの地域の経済情勢が悪化し、それに比べればアメリカの方が相対的によいという場合も、資本のバックフローを誘発することができるというものだ。

アメリカの経済は世界各地の資本をアメリカへバックフローさせるほど回復していない今日では、アメリカ経済よりもっと魅力を見せている中国の周辺——西太平洋地域、あるいはアジア太平洋地域とも言われるこの地域で危機的な状況を引き起こして、資本をこの地域から追い出すしか方法がない。

たとえアメリカが中国の周辺地域で術策を弄《ろう》していることを否定しても、アメリカにとって、この地域の投資環境が緊張情勢によって悪化することを必要とするたびに、中国と日本が釣魚島（尖閣諸島）で、中国とフィリピンが黄岩島（スカボロー礁）で、中国とベトナムが石油掘削リグ「９８１」事件で、次々とトラブルが勃発したのは事実である。また、香港の反政府デモ隊による「金融街占拠」事件も、一見してただ中国政府の対処方法によって起こったように見えるが、不可解なのは、どの事件においてもアメリカだけが得をしていることだ。当時は米ドルが強くなりはじめたころであり、中国の周辺地域で地政学的な危機が発生するたびに、この地域の投資環境を悪化させて、99℃のお湯をさらに1℃加熱して沸騰させる。このような状況におかれた国際投資家のやることはたった一つだけ——資本を撤退させ、ただちに逃げる。撤退がはじまると、FRBはタイミングよく金利引き上げのラッパを吹き、資本を一斉にアメリカへ方向転換させるように誘導する。アメリカは久しぶりにブルマーケットを迎え、ぼろ儲けの時代が到来する。これと相まって、東アジアの経済はどんどん衰退していき、廃墟となって混乱に陥る。そしてこの時をねらって、財布が膨らんだアメリカ人は駆けつけてきて、羊毛を刈り、利益を収穫する。こうした視点から見れば、なぜ最近、香港を含む中国の周辺で事件が頻繁に起きているのか、容易に理解できる。

米ドル指数の周期律を利用して全世界から財産を集めて自分のものにするには、FRBの力だけでは不十分であり、その上石油と米ドルのリンクを付け加えてもまだ足りない。さらに強力な手段が必要となる。この手段がなければ、アメリカは米ドルを印刷するだけでは世界一多額の財産を手に入れることができない。その手段とは世界一の軍事力なのだ。

砲煙の背後
アメリカは何のために戦ったのか

アメリカ人は戦争を好むとは断言できないが、アメリカはいつも戦争を必要としている。過去20数年の間に、アメリカは世界で唯一、四回も戦争をし続けた国である。なぜこんなに頻繁に戦争を起こしたのであろうか？　この地球上で誰にもわかりはしない。おそらくアメリカの国民もわからないだろう。なぜなら、この四回の戦争は三つの国や地域で行われ、開戦の理由も堂々とした立派なものである。戦争を１枚の軽い紙幣と関連させた人はいただろうか？　20年の間にアメリカ人はいったいなんのために四回も戦争をしたのか？

イラク戦争を起こしたのは石油のためか？　答えはノーだ

もし「アメリカはなぜイラク戦争をしたのか？」と問われたら、標準的な答えは「石油のため」であろう。では、次の質問にはどう答えるだろうか？「なぜアメリカはイラクを占領したあと、一滴の石油もアメリカに持っていかなかったのか？　なぜアメリカの国民は世界の人々と同様に価格の高い石油に我慢していたのか？」この問題は多くの人々にとって不可解であった。私の答えは、「全世界の石油貿易が米ドルとリンクしているからだ」である。

アメリカがイラクを陥落させた時、まず全世界に波紋を広げたのは石油価格の高騰であった。米ドルで決済する石油価格の高騰はなにを意味するだろうか？　石油価格の高騰は全世界の米ドルに対する需要を拡大したのである。イラク戦争の前、石油は1バレル38ドルであったが、戦争のあと、150ドル近くまで上昇した。すなわち、この戦争は米ドルへの需要を3倍以上も拡大した。世界各国が石油を買うために以前よりさらに多くの米ドルを必要とした時、よろこぶのは産油国以外には、いうまでもなくアメリカである。なぜなら、これによってアメリカは世界に流動性を提供する正当な理由ができて、紙幣印刷機を稼働させて、もっと多くのドルを印刷することができるからである。アメリカは慈善事業者ではなく、米ドルはただで提供するものではない。商品をもって交換しなければならない。つまり、またもや実物をもって紙と交換するゲームが始まるのだ。この時の、紙幣を印刷するというアメリカの行為は堂々とした理由に基づくものであった。しかし、金融危機に陥った今、信用を失墜しても、需要のない米ドルを量的緩和の名分で増発している状況とは違っていた。

増発の結果、さらに多くの米ドルが各国に流れ込み、産油国にも石油輸入国にも流れていった。こんなに多くの米ドルが手に入ったこれらの国はなにができるのだろうか？　米ドルは財産の記号として所有者をよろこばせる以外に、紙くずになってしまうという可能性で人を不安にさせる。この時の米ドルは「日進月歩」のように下落し、増発されるほど、下落のスピードも速くなる。この時の唯一正しい選択は、アメリカがすでに用意してくれた――アメリカの国債を購入することである。

アメリカの国債を買うと、巨額の米ドルがアメリカにバックフローし、アメリカは世界最大の債務国になる。では、アメリカはなぜ世界各地へ流れていった米ドルを、米国債を購入する形でアメリカへバックフローさせる必要があるのか？　アメリカは経常収支が長期的に赤字になっていても心配しないが、短期資本収支の赤字には耐えられない。言い換えれば、貯蓄率がほとんどないアメリカは資本収支の黒字をずっと維持しなければならないのだ。その黒字は2001年前後には毎年約7000億ドルであった。つまり、平均して毎日20億ドルがアメリカに流れ込む（参考文献9）。

したがって、アメリカにとっては、世界から大量の資本がアメリカにバックフローしてきてはじめて、通常の経済活動に必要な流動性が確保できるのである。さもなければ、大多数のアメリカ人の、クレジットカードに依存する快適な生活は続かない。そのため、アメリカは経常収支の赤字には困らないが、資本収支の赤字だけが怖いのである。資本収支の黒字を保持するためならば、アメリカは手段を選ばず、戦争を起こしてでも、ほかの国や地域の投資環境を破壊し、羊の群れを追い立てるように米ドルをアメリカへとバックフローさせる。

つまり、表面的には湾岸戦争とイラク戦争は石油に関係しているように見えるが、実際には主に米ドルのためであったのだ。産油国で戦争が起きれば、石油価格は必ず上昇し、米ドルに対する需要もそれにともなって上昇する。そのおかげで、アメリカは紙幣印刷機を稼働させ、さらに多くのドルを刷りまくり、全世界からもっと多くの財産を買い取ることができる。きわめて簡単な仕組みである。

気づきにくい秘密はもう一つある。ユーロの発行が開始されてから、サダム・フセインは2000年11月、イラクの石油の輸出はユーロで決済すると宣告した。これはまちがいなく石油マネーの米ドルに対する蔑視《べっし》と挑戦である。その結果、ブッシュ・ジュニア大統領は非対称戦争を用いて、サダム・フセインを処刑した。そして、アメリカの銃口の下で行われた選挙によって成立したイラク政府が最初に公布した法令は、イラクの石油貿易を米ドル決済に戻すことであった。

コソボ紛争の矛先はユーロだった

アメリカが起こした戦争は石油や米ドルに関係しているのなら、コソボには石油がないのに、なぜアメリカはコソボ紛争を起こしたのか？　コソボ紛争は米ドルとどんな関係があるのか？と質問する人がいるかもしれない。コソボ紛争が始まる前に、多くの人々は西側の宣伝機関の一方的な言い分を信じ、アメリカがユーゴスラビアに戦争をしかけたのは人道主義に基づく干渉であると考えていた。実はこれはCIAと西側のマスメディアが手を組んでばら撒いた大嘘であった。彼らはユーゴスラビアのミロシェビッチ政権がコソボで9万人のアルバニア人を殺害したというが、のちにまったくの嘘であったことが事実によって証明された。しかし、嘘がばれたころ、アメリカはすでにユーゴスラビアを破壊していた。

それでは、アメリカがコソボ紛争を起こした本当の動機はいったいなんだったのか？　これをはっきりさせるにはカレンダーを遡《さかのぼ》ってみなければならない。

紛争が始まったのは1999年3月であったが、意味深いのは、1999年1月1日に、ある重大な事件が起きたことである。この日、ユーロが正式にスタートした。当時のユーロ対米ドルの為替《かわせ》レートは1：1・07であり、ユーロは新しい国際決済貨幣として登場した当初から、米ドルの覇権的な地位に挑戦し脅かす存在であった。そして、そのわずか2か月後にコソボ紛争が始まった。紛争がまだ終わらないうちに、人々は、紛争によって深刻な打撃を受けたのはユーゴスラビアだけではなく、ユーロも打撃を受けたということに気付いた。EU各国の空軍がアメリカに協力して、72日間にわたって集中豪雨のように行った空爆の最大の戦果は、ミロシェビッチ政権の崩壊だけではなく、ユーロと米ドルの為替レートの逆転も起こり、1ユーロ対1・07米ドルから0・82米ドルに下がり、ユーロの下落幅は30％にのぼった。

これを見れば、アメリカのコソボ紛争は「敵は本能寺《ほんのうじ》にあり」、つまり「敵はユーロにあり」だったことがわかる。西側の人々はいつも、民主主義国家の間には戦争が起こらないと自画自賛するが、アメリカがヨーロッパの奥地で起こしたこの戦争は、真っ先にヨーロッパの投資環境をぶち壊し、誕生したばかりのユーロはただちに早世の危険にさらされた。アメリカは米ドルと対等の立場になるほかの通貨を容認できず、たとえ兄弟であるヨーロッパのユーロも許せないのである。

アメリカのこうした思惑は理解しがたいものではない。ユーロが出現する前に、米ドルは唯一の準備通貨であり基軸通貨であった。世界のほとんどの国は貿易の決済に米ドルを使っている。これは、アメリカが全世界から隠された通貨発行益を独占することを意味している。そこへ突然ユーロが現れ、大きなユーロ経済圏から通貨発行益を取れなくなる。アメリカにとっては、通貨発行益の損失以上に、米ドルの覇権の土台が揺らいでしまう。絶対に許せないことだ。たとえユーロを消滅させることはできないにせよ、断固としてこの挑戦者を容赦なく懲らしめなければならない。この意味では、コソボ紛争の勃発は避けられなかったのである。

また、コソボ紛争はアメリカ式の戦争と通貨資本およびアメリカの金融戦略との関係を示してくれた。米ドルとユーロの通貨の覇権をめぐる争いだけでなく、ほかの現象も同様に興味深いものがあった。ある資料のデータに示されたように、コソボ紛争が勃発する前に、7000億米ドルを超えるホットマネーはヨーロッパのあちこちをさまよい、投資先が見つからなかった。この時のヨーロッパに戦雲がみなぎっていたからである。いったん戦争が勃発すると、投資環境は急速に悪化し、投じた資本は全部台無しになってしまうかもしれない。利益最大化の追求はすべての投資家の信条であるが、利益を手に入れるだけでなく、安全に利益を手に入れなければならない。安全性がなければ投資はしない。これもまた投資家の信条だ。

そしてコソボ紛争が始まると、7000億米ドルあまりのホットマネーのうち、4000億米ドル以上はたちまちヨーロッパから逃げ出し、そのうちの2000億米ドルはアメリカに流れ込み、アメリカの90か月に及ぶ景気を支えた。アメリカは歴史上これほど長い経済成長期はなかったのである。

残った2000億米ドルは香港へ向かった。しかし、香港はこれだけの短期間にこれほど大量のカネを消化することが不可能である。あきらかに投資家あるいは投機家たちが中国大陸のマーケットを高く評価し、香港を飛び石として中国大陸に入ろうとしたのである。ところが、きわめて不可解なことに、なんとこのタイミングに世界を驚かせる事件が起きた——米軍は5発の精密誘導爆弾を使って、駐ユーゴスラビア中国大使館を「誤爆」した。その後、アメリカはいつもの、他国の投資環境を破壊するための軍事手段を通して、羊の群れを追い立てるように、爆弾を用いて資本を追い出す状況を再現したのである——わずか一週間後に、香港に留《とど》まっていた2000億米ドルのホットマネーは香港から逃げ出した。どこに行ったのだろうか？またしてもアメリカである。こうして、ヨーロッパから逃げた4000億米ドルのホットマネーはすべてアメリカに流れ込み、アメリカの経済成長に寄与した。ブッシュ・ジュニアが大統領になってから、この長期景気はやっと終わりを告げた。

アフガニスタンでの反テロ戦はアメリカに対する世界資本の信頼を取り戻すためだった

ここまで述べてきた事例からもわかるように、アメリカが行った戦争はほかの国家間の戦争とは、目的や方法から結果にいたるまでいずれも大きく異なる。アメリカの戦争は他国の投資環境を変えるほか、資本をアメリカへ流れるように追い立てる。貯蓄率が2%台しかなかった（今でもやっと6・9%にしか上昇していない）アメリカにとっては、流動性を維持するために大量の米ドルのバックフローが必要である。このことが過去20年の間に、アメリカが連続してイラクとコソボで戦争を行った理由であり、また、反テロ戦を名目にして、アフガニスタンで慌ただしく開戦した理由でもある。

なぜアフガニスタンでアメリカは慌ただしく開戦したのか？「9・11」同時多発テロが発生したあと1か月も経たないうちに、アメリカが戦争を始めている。これはアメリカのそれまでのやり方とはまったく違っていた。90年代からアメリカは連続して四回の戦争を行った。アフガン戦争を除いて、ほかの三回の戦争の準備時間はいずれも半年ぐらいかかっている。しかし、アフガン戦争は例外であった。わずか1か月も経っていないのに、慌ただしく戦争を始めた。どのくらい慌ただしかったのだろうか？　戦争のあとにペンタゴンが議会に提出したアフガン戦争に関する報告書によれば、戦争をまだ半分しか遂行していない時点で、巡航ミサイルを全部使ってしまったため、ペンタゴンはやむを得ず核兵器の格納庫を開いて、ミサイルから核弾頭を取り外して、通常の弾頭に取り換えた。さらにミサイルを１０００発近く打ちこんで、ようやくアフガニスタンを陥落させた。

戦争遂行のためには約半年の準備時間が必要だと知っていながらも、アメリカはなぜ十分に準備せずに戦争を始めたのであろうか？　実は都合が悪かったのだ。もう時間はなく、アメリカの経済状況はどうしようもなかった。時は「9・11」のあとまもなく、大量の資金はアメリカから撤退しはじめた。全世界の投資家は投資環境が世界一安全なはずのアメリカを疑うようになった。アメリカは世界の金融センターであり、ニューヨークはアメリカの金融センター、ウォール街はニューヨークの金融センター、世界貿易センタービルはニューヨークの金融センターである。それなのに、このセンター中のセンターはテロリストに飛行機をぶつけられて倒壊した。これでは誰もアメリカの投資環境に信頼を持てなくなる。統計によると、この時から3000億～4000億ドルがアメリカから撤退した。前述のように、アメリカは毎年7000億ドル以上のカネを誘致しなければならないが、3000億～4000億ドルがアメリカを去っていくと、本年度の残りの数か月はどうやって過ごすのか？　カネがなくなってしまってどうしたらよいのか？　そこで戦争を起こして、アメリカに対する全世界の投資家の信頼を取り戻さなければならなかったのである。

案の定、アフガニスタン戦争が始まり、巡航ミサイルがアフガニスタンの土地に落ちると、ダウ・ジョーンズ平均株価はわずかの間に下落してからすぐにまた跳ね上がって、ウォール街には大喝采《だいかっさい》が起きた。戦況の順調な進捗《しんちょく》にともなって、アメリカから撤退した大量の資金はまた相次いで戻ってきた。この戦争によってアメリカの投資環境に対する世界の信頼を取り戻したのである。アメリカはこの戦争を通して世界に現代戦争の理念を示した――もしアメリカの投資環境が悪くなり、短期間に改善できないとなったら、戦争を用いてほかの国をもっと悪い状態に陥れて、相対的にアメリカのよさをアピールする。アメリカの投資環境は安全ではないと言うのか？　戦争を起こして見せよう。アメリカは依然として最強の国であり、相手を問わず、殴りたければ殴れるぞ。アメリカの投資環境は安全ではないというが、ほかの国はもっと危険だ。そこでは戦争が起きているよ。これこそがアメリカの金融戦略のために存在する軍事力の意義である。

「ＰＧＳ」は迅速な打撃によって資本の流れをコントロールするもの

かつて、アメリカ人はいつもこう言っていた――世界のどこかに問題が起きると、アメリカ大統領の最初の反応は必ず「われわれの空母はどこにあるか？」である。しかし、このような場面は過去になりつつある。インターネットが地球を一つの村に変え、ネット販売、ネット決済はすでに日常茶飯事となり、キーボードを数回軽く打つだけで、１００億、１０００億ないし数兆ドルが一瞬で移動したり逃げたりしてしまう。このような光速に近い資本の動く速さは、時速30～40ノットで航行する空母などまったく追いつかず、たとえ超音速で飛行する艦上戦闘機でも変わらない。空母にせよ艦上戦闘機にせよ、物流経済の時代につくられたものであり、海上覇権を獲得し海上の物流を支配するために開発された海洋兵器である。資本の流れが全世界の経済と生活の主流になっている現代では、アメリカは明らかに、資本の流れる速さに適応できる手段をもってしてはじめて、世界の資本の流れる速さと方向をコントロールしたり変えたりすることができるのだ、ということに気が付いた。

そのため、ペンタゴンは軍事力に対して新たな要求を打ち出した——できるだけ早く「迅速なグローバル打撃（PGS）」を開発せよ。このシステムでは、米軍の打撃能力は空母に代表される伝統的な軍事手段よりもさらに迅速に地球上のいかなる目標に対しても打撃を与えることができる、と言われる。到達時間も何度か短縮し、自称「1時間以内に世界のどこにも到達可能」から「28分以内に全世界のどこにも到達可能」に短縮した。このスピードはどんな意味があるだろうか？　それは、資本の流れるスピードになんとか付いていけることに意義がある。大気圏再突入弾道ミサイルまたは音速の5、6倍に達する巡航ミサイルが、地球上のある地点に落下した時、この地域の投資環境は急変し、驚く投資家たちは慌ただしく資金をここから撤退させて、その次はどこへ向かうのであろうか？　なにもしないわけにはいかない。行く先を探さなければならない。それに、行く先は安全な場所でなければならない。ではどこが一番安全だろうか？　もちろん一番力の強い国が一番安全だ。「PGSシステム」の研究開発を急いでいるアメリカの目的は、この軍事手段のスピードを用いて、今まで空母によって海上の物流を支配してきたのと同様に、世界を流れる資本を支配するためである。

したがって、ペンタゴンは今までのいかなる時よりも米軍のスピードを、配置のスピードから打撃のスピードにいたるまで重視している。そしてこれらすべては、資本の流れるスピードと方向に関係している。今日のアメリカが紙の貨幣の上に建てられた帝国であることを、アメリカ自身は一番よくわかっているのである。この帝国を崩壊させないために、米ドルの覇権を維持しなければならない。

米ドルのために戦おう！　これがアメリカ式戦争の秘密のすべてである。

世紀の問いかけ

金融戦と陰謀論

多くの経済学者は金融戦や陰謀論のような説に本能的に反感を持っている。原因は二つある。第一に、この二つの言葉は、金融戦にせよ陰謀論にせよ、いずれも専門用語ではない。第二に、経済学や金融学を学んだ多くの人たちは、教科書でこのような内容を学んだことがない。そのため、彼らは本能的にこれらの言葉を排除しがちである。しかし、私は質問したい。もし私たちが目にした客観的な事実が学んだ理論と異なるならば、両者のどちらを正すべきであろうか？　理論を正すか、それとも客観的な事実を正すだろうか？　既存の理論と事実はどちらの方がより重要であろうか？　これこそが問題意識の出発点であり、また分岐点でもある。

21世紀における最も熾烈《しれつ》な戦場はどこになるであろうか？　軍人がこの質問に答えるならば、きっと戦争が発生するところだというであろう。しかし今日においては、このような回答はもう時代遅れになる。21世紀の最も熾烈な戦場はまちがいなく経済分野になる。さらに具体的にいえば、金融領域になる。米ドルは石油とリンクされて、石油の流れに乗って世界中に広がって以来、見事にこの世界のすべてを貨幣化した。これは、この世界で起きたすべての争奪がいずれも米ドルを用いて計算でき、また説明できることを意味する。また、21世紀のすべての戦争は広い意味における金融戦であり、金融のために戦うことになる。とくにアメリカが起こした戦争は、表面上はたとえどんなに多くの理由があっても、最終的には米ドルの覇権をめぐる戦いである。この点はグローバル化によって形成された世界経済体制に深く関係している。広い意味での金融戦とはなにか？　資本の争奪と通貨の覇権、そして米ドルをもって価値を決めて財産を奪い合うすべての戦争である。最も上手に金融戦を遂行している国はアメリカであり、彼らは天下無双の軍事力を駆使し、羊の群れを追い立てるように資本を追い立てている。その威力と収益は、ソロスたちが小さなヘッジファンドを用いてポンドやバーツを攻撃する仕業よりはるかに大きくて恐ろしい。テロ集団のボスの銀行口座を凍結するよりもずっと重要である。

多くの経済学者が金融戦や陰謀論のような話には本能的に反感を持っている、ということを私は知っている。彼らから見れば、金融戦とはなんだろう？　明らかに通常の経済社会における行為や活動を戦争呼ばわりしており、まったく意味のない誇張と比喩《ひゆ》である。陰謀論とはなにか？　明らかに通常の金融活動なのに、なぜ陰謀だというのだろうか？　これについて尊敬すべき友人に意見をうかがった。彼は中国人民銀行の幹部であり、非常に優秀で前途有望な人物である。彼の答えも否定的であった。彼の言うところによると、国際金融界には陰謀など存在せず、たとえ謀略があっても、透明で公開されたものである。この問題に関しては、私と彼の意見は分かれている。

専門家たちが金融戦および陰謀論という言葉を好きになれない原因は二つあると思う。第一に、この二つの言葉は「金融戦」にせよ「陰謀論」にせよ、どれも学術上の専門用語ではない。第二に、経済学や金融学を学んだ多くの人たちは（外国の学校で教育を受けた人が多い）、教科書でこのような内容を学んだことがない。そのため、彼らは本能的にこれらの言葉を受け入れようとしない。しかし、私は質問したい。もし実際にある事象がまちがいなく存在しているとしても、それを受け入れないだろうか？　その事象が学んだ理論や原理と相反する場合には、どちらを認めるのか？　人類が思考能力を持つようになり、さらに言葉と文字が出現してから、この世界は二元的なものに変わった。一つは客観的に存在する世界であり、もう一つは世界に対する人間の認識およびこの認識から発生する、世界の事象についての叙述あるいは理論である。しかし、この二元的なもののどちらがわれわれにとってはより重要であろうか？　もし私たちが確実に目にした客観的な事実が学んだ理論と異なるなら、両者のどちらを正すべきであろうか？　理論を正すか、それとも客観的な事実を正すだろうか？　既存の理論と事実はどちらがより重要であろうか？　これこそが問題意識の出発点であり、また分岐点でもある。

誰が貨幣を用いて世界を脅迫しているのか

アメリカのサブプライムローンから誘発された金融危機はすでに7年が経過した。この7年の間に、アメリカは不況から脱出できないどころか、中国を含む全世界を不安定で難しい状況に引きずり込んだ。今回の金融危機は前回の東南アジアの金融危機および今までのどの金融危機よりもはるかに深刻である。では、いったい誰が今回の危機に責任を負うべきであろうか？言い換えれば、いったい誰が全世界を巻き込んだ今回の危機を起こしたのだろうか？　私たちは危機の本質をいかにして見抜けるだろうか？　これまでは普通の人から専門家まで意見が割れ、多くの専門家たちは今回の金融危機について、木だけ見て森を見ない。また、さらに多くの専門家らはビジネスの角度から金融危機を分析している。しかし実際には、多くの場合、ビジネスの角度から解読しても意味がない。今回の金融危機をアメリカのサブプライムローンのせいにしようとする人もいるが、非常におかしい。導火線と爆薬をまちがえたのと同じである。少し深く考える人もいたようだ。彼は、今回の金融危機をウォール街の過度の開発と金融資源の過度の利用に帰結し、金融派生商品が災いを招いたと結論づけている。また一歩進んで、アメリカの実体経済と金融経済の乖離《かいり》の結果だとする人もいた。さらに、ある著名な経済学者は、アメリカの貯蓄率が低すぎるので、政府はドルの乱発行を行い、流動性の過剰や氾濫《はんらん》をもたらしたと説明している。これらの結論はある程度正しいといえる。ただし、「群盲、象を評す」(中国の四字熟語) の如く、全体像を把握できていないのである。

ビジネスのレベルで今回の金融危機を分析するだけでは不十分である。金融戦略の角度から、あるいは国家戦略のレベルからこの問題を見ることによってはじめて、アメリカの今回の金融危機の本質を見破ることができる。表面的に見れば、今回の金融危機はたしかにウォール街が災いを招いたのである。しかし本質はなんだろうか？　実は、もしアメリカ政府および社会のエリート層がグローバル金融戦略を設計して推進しなければ、アメリカも世界も今回の災難に見舞われることはなかったであろう。したがって率直にいえば、今回の金融危機はアメリカが40年近く全世界に国家金融戦略を広めてきた必然的な結果である。

したがって、過度にビジネスの面から今回の危機を分析すると、最も重要で最も責任を負うべき責任者を見過ごしてしまうかもしれない。今回の金融危機が起きてから、アメリカではこんなエピソードが言い伝えられていた。経済不況の風が吹き荒れる中、ある男がピストルを手にして時計店に入り、銃口を店主の頭に突き付けて言った。

「ほら、おれのこの腕時計はおまえの店から80ドルを借りて買ったのだ。今のおれはカネがないから、また50ドルを貸してもらおう。ノーとは言わせない。貸してくれないとダメだ！　怖がらなくていい。おまえを殺すつもりはない。ただし、カネを貸してくれなければ、おまえの頭をぶっ飛ばす。カーペットが血まみれになるぞ。カーペットのクリーニング代は50ドルより高いだろう。もっと大変なのは、おまえの時計店の評判はどうなる？　考えてみろ、これから時計を買いに来る人なんかいるか？」

店主は男の話を納得し、おとなしくカネを渡した。実はこのエピソードは、経済をめちゃくちゃにしたのにアメリカ政府に対して財政支援を強要するウォール街を暗に揶揄《やゆ》しているのである。シナリオのとおりアメリカ政府は屈服した。7000億ドルを捻出《ねんしゅつ》し、ファニーメイ（連邦住宅抵当公庫）とフレディマック（連邦住宅金融抵当公庫）に3000億ドル援助したほか、保険会社AIGにも850億ドルの融資を提供した。誰の目にも明らかに、アメリカ政府の財政支援はウォール街に脅迫されて、やむなく行ったものであった。しかし、これは金融危機のすべての原因であろうか？　もちろんそうではない。

ウォール街はアメリカ政府を「脅迫」しただけでなく、アメリカ全体をも「脅迫」したと言われるが、その言い方は当たっている。ただし、話はここで終わったわけではない。その次になにが起きただろうか？　アメリカがくしゃみをすると全世界が風邪を引く。なぜそうなるのか？　アメリカとアメリカ政府が全世界を「脅迫」したからである。これはまぎれもない事実なのだ。多くの金融専門家や経済学者は、ウォール街がアメリカ政府を「脅迫」した事実だけを認め、ウォール街がアメリカひいては全世界に災いをもたらしたと考えているが、災いの真相はアメリカとアメリカ政府が全世界にもたらしたということだ。正確にいえば、ウォール街がアメリカとアメリカ政府を「脅迫」する前に、アメリカとアメリカ政府はすでに米ドルシステムを用いて、全世界を「脅迫」していた。これこそ、今回の金融危機の本当の根源と本質である。

金融戦とは戦略のツールかそれとも大げさな比喩か

現代における貨幣の誕生から、貨幣から発生した資本の流通まで、金融領域で行われる争奪や戦いは、その規模にせよ最終的に現れる財産の効果にせよ、歴史上のいかなる戦争にも劣らない。しかしそれにしても、戦争と呼ばなくてもよい。ただし、金融戦と戦争の区別はある意味でいうと、金融戦だけでは人が死なない（破産のため自殺する人は除いて）だけの話だということに気が付いた。だから金融戦は戦争として扱われていない。しかし、金融戦の略奪性や破壊力は戦争並みか、あるいは戦争に勝るとも劣らず、である。

金融領域の戦いと争奪は流血と暴力を除けば、戦争のすべての特性を持っている。したがって、金融戦という言葉は陰謀論よりは受け入れやすい。少なくとも、金融の巨大な破壊力については大体のコンセンサスが得られるであろう。なぜなら、金融は近現代から今日に至るまでの人類の経済生活の中に、常にどこでも存在してきたからだ。そうでなければ、次に述べる事実は説明できない。

約200年前に近代社会の銀行ビジネスと証券ビジネスが出現して以来、ナポレオンが大陸封鎖政策を通してイギリスにしかける経済戦争も含めて、近現代の金融戦争の歴史は少なくとも200年を下らない。さらに古代ローマ帝国時代に遡《さかのぼ》り、この巨大な帝国が軍事と経済の両面で戦争を行っていた事例をたくさん挙げることもできる。もっとも、ここではそんな遠い昔のことを持ち出す必要はないので、近現代の戦争事例だけ分析しよう。

旧ソ連はどうやって崩壊したのであろうか？　多くの人はいつも「陣営は内部から崩壊しやすい」という格言をもって、ソ連共産党やゴルバチョフ書記長のさまざまな過ちにその答えを求める。これはたしかに重要な原因かもしれない。しかし私は、それよりアメリカの陰謀による疑惑に満ちた金融戦に敗れたのではないかと考えたい。ここで『レーガン政権はいかにしてソ連を崩壊させたのか』（参考文献10）という本を見てみよう。

この読者を驚かせる本を書いた人はレーガン政権のメンバーであり、経済手段を用いて旧ソ連を崩壊させる仕事に携わっていた。彼は信頼性のある確固たる証拠を列挙して、旧ソ連を崩壊させたレーガン政権のさまざまな手段を披露した。

第一に、かの有名なスターウォーズ計画を含み、旧ソ連をアメリカとの軍備競争に誘い、巨額の軍事費を負担せざるを得ないようにしむける。

第二に、あの手この手で国際石油価格を低く抑え、旧ソ連の経済を圧迫する。旧ソ連の石油生産コストはほかの国よりはるかに高く、当時のＣＩＡの計算によると、１バレルの石油価格が１ドル下がるたびに、旧ソ連は10億ドルの損失を被る。当時のソ連は外貨の備蓄がひどく不足し、わずか２００億ドルしかない外貨は、命の如く貴重だった。

第三に、西側陣営が一丸となって旧ソ連に資金と技術の封鎖を行い、旧ソ連の必要なものを入手させない。

第四に、ポーランドの労働組合「連帯」に財政と技術の支援をし、ポーランド政府との対立を後押しして、西側から借金しなければならないようにポーランドの経済を破綻《はたん》させる。混乱に陥ったポーランドには担保がなく、誰がカネを貸してくれるだろうか？　結局、ボスのソ連しかないのだ。ソ連はわずかな外貨をポーランドにつぎ込んだ。

第五に、ソ連の侵攻に抵抗するアフガニスタンを支援する。アメリカは非常に安いコストでアフガニスタンで大きな勝利を収め、ベトナム戦争での惨敗へのリベンジを達成した。当時のCIA長官は「われわれは40億ドルを使っただけで、この邪悪な帝国に敗北を喫させた」と自慢した。40対400という雲泥の差はあまりにもかけ離れている。ソ連はアフガニスタン戦争に400億ドルを費やしたにもかかわらず、失敗した。その後、私たちはなにを見たか？1991年12月、旧ソ連の国旗がクレムリン宮殿の尖《とが》った塔の上から無残に降ろされ、強大そうに見えた帝国が倒壊し消失した。アメリカはこのように金融手段を武器にして、大きな帝国を打ち負かしたのだ。もしこれでも戦争といえないのなら、これはなんであろうか？（注11）

この事例は特例でしかないと考える人がもしいるならば、次に日本の例を見てみよう。1985年のプラザ合意から、日本は上昇してから下落する長い道のりを歩んできた。この道のりの結果はすべての人が目にした。最初のころ、円高の勢いは「ジャパン・アズ・ナンバーワン」と叫ばれるほどすさまじかった。ところが、最終的に日本はなにを手に入れたであろうか？「失われた10年」、あるいは彼らが自称する「平成敗北」である。日本はアメリカに二回敗けた（一回目は第二次世界大戦）。一方のアメリカは10年にわたる長期の繁栄を実現した（注12）。この上昇と下落はあたかもシーソーゲームのようで、ちょうど日本が下落した時にアメリカが上昇する。このようにアメリカは常に世界金融の支配者となってきた。

こうして見ると、金融戦が戦争であるかどうかの問題は、自《おの》ずと結論が出たのではないだろうか。

もし、もっとなにかを述べる必要があるなら、それは東南アジアの金融危機だろう。これも多くの人から金融戦と呼ばれている。一言で東南アジアの金融危機を総括するならば、マレーシアのマハティール首相の言葉が代表的である――「ソロスの金融攻撃によりマレーシアの経済は20年も後退した」。私はマハティール首相のこの発言を見た時、突然アメリカのある将軍の言葉を思い出した。１９９９年、アメリカがユーゴスラビアに開戦した時、この将軍は「われわれの攻撃はユーゴスラビアを新石器時代に戻す。少なくとも20年前に後退させる」と自信満々に話した。

二人の発言を比べてみれば、もし一回の金融危機によって一つの国を戦争同様に20年も後退させることができるなら、これを戦争と呼ばずになんと呼ぶべきであろうか？　もちろん、なにかほかの呼び方もあるだろうが、本質的にはやはり戦争である。私から見れば、21世紀には最初の10年だけでなく、アメリカはその覇権を維持しているかぎり、ときどき目的達成のために軍事手段を選ぶ可能性もある。イランやシリアに軍事攻撃を起こすのも選択肢の一つになりうる。しかし私たちは、軍事手段を使わず、金融や通貨を利用して行う戦争がますます増えることを目にするにちがいない。とすれば、次の問題が問われることになる。

陰謀論自体が陰謀なのだ

長年アメリカに住んでいる宋鴻兵《そうこうへい》氏は『通貨戦争』という本（参考文献11）を書いた。近年ベストセラーになっている。この本は専門書のように緻密《ちみつ》に書かれてはいない。とくに経済学者や専門家が読むと、かなり厳格さを欠いていると感じる。しかし、この本はほかにない価値を持っている。この世界において、とくに最も人気のある分野、最もカネ儲《もう》けのできる業界では、人々は利益のための争奪戦には互いに小細工を弄《ろう》する必要がある、ということを指摘して注意を促しているのだ。

専門家たちは通常の経済活動についてより多くの注目をしているが、実際には、通常ではない経済活動が常に影のように従っている。一人一人の金融業者や商人、あるいは経済学者をも含めて、彼らは社会の役柄を演じる前にはまず一人の人間である。人間であると同時に商人である場合、人間としての特性は社会の役柄を通して現れるので、主に利益を追求する傾向を見せる。この意味から言うと、世にある多くの体制や制度、規則などは果たして人間の本能を効果的に制約することができるだろうか？　私はこの点に疑問を持っている。

アメリカ人に言わせれば、「民主主義とは権力を檻《おり》の中に閉じ込める」ことである。金融の権力も同様に檻の中に閉じ込めるべきであり、金融監督機関がその檻なのである。しかし、アメリカの金融危機は、この檻がおかしくなっていることを教えてくれる。なぜいつも厳格な制度を自画自賛するアメリカの金融監督機関がこれほど重大なミスを犯したのか？　アメリカ政府の監督は緩んでしまったのか？　それとも故意に放任したのか？　これは暗黙の了解となっている問題なので、口に出すわけにはいかない。かつては、銀行に対するアメリカの監督はとても厳しいと思われていた。ある中国人の若い女性が書いた『私はＦＲＢで銀行を監督した』（参考文献12）という本は、中国人のこうした印象をさらに深めた。しかし外部の人は、ＦＲＢ

は商業銀行だけ監督し投資銀行は監督しない、ということをあまり知らない。投資銀行には自由に裁量する大きな余地がある。単純明白にいえば、すなわち、投資銀行は高いレバレッジ率の金融派生商品をもって投機的にカネ儲けをすることができる。これらの投資銀行の暴利に対して商業銀行は目の色を変える。彼らは圧力団体を利用してあの手この手で議会を説得し、1999年、「グラス・スティーガル法」の銀行・証券業務の分離を定めた条項は廃止された。これは、1920年代にアメリカで起きた大恐慌の再来を防ぐための最も重要な法律で、アメリカの商業銀行と投資銀行を切り離したもので、金融リスクを防ぐために、二つの事業を兼ねる経営は許されないというものだった。このような法律条項が廃止されることで、ウォール街が全世界の財産を食いつぶす饗宴《きょうえん》が始まった。

株売買や金融ビジネスならば、欧米人はすでに二、三百年もやっている。ますます成熟した近現代の金融と証券業のプレーヤーたちは、やればやるほど立派な人格者になるのだろうか？　金融やその派生商品を利用してインチキをする者は、末端のトレーダーに限られるのであろうか？　欧米金融業界のベテランプレーヤーたちは、実戦の中で学んだり新たに開発したりしたインチキな方法や腕前は、彼らが銀行あるいは証券会社の経営者になると、すべて止めたのであろうか？　彼らはインチキな手段を使ってライバルに勝つつもりなどまったくないというのだろうか？　彼らの中の一人がある日、アメリカ特有の政治「回転ドア」（注13）を通過して、アメリカ財務長官（例えば、ブッシュ・ジュニア政権時代の財務長官ポールソン）あるいはFRB議長に変身したとたんに、清廉潔白になり、「禁断症状」も起きず、かつての手段を使ってほかの国を打撃しようと思わないのであろうか？　私は疑問に思う。私のこの質問は少なくとも人間性の角度からいえば成立するものだと言えよう。

『Behind Integrity』（誠実さの裏側）（参考文献13）という本の中で、アメリカのある投資銀行のトレーダーが自らの経験を暴露した。著者は自分が設計した債券モデル、一種の複雑な金融派生商品を詳細に紹介した。どれくらい複雑であろうか？　その元金と利息の計算だけで6人もの数学博士を招いて計算したが、驚いたことに四つもの結果が出たというのだ。こんな複雑なモデルは投資家にはわかるはずがない。では、なぜこんなに複雑にするのだろうか？　著者が私たちに打ち明けた秘訣《ひけつ》とは、投資家の頭を混乱させるためのものということ。まず水をかき混ぜて汚してから、魚を釣れやすくなる。この本を読んだ人ならば、誰もが似たような結論を出すであろう――アメリカの金融派生商品は、証券取引所で売買した部分を除いて、場外取引や店頭取引はほぼ100％が詐欺か、それに近いものである！　また、本書はアメリカの金融監督がどれだけずさんなものかについても、非常にリアルに披露している。

著者がいうには、店頭取引される証券の大部分はゴミのような商品であり、本当にAAAに評価されるものはめったにない。このような債券は評価機関から高い評価を与えられなければ、信用が低くなって高い値段で売れないので、投資銀行は評価会社を説得しなければならない。以前は客観性と公正さを守るため、アメリカの評価会社は費用を取らず、各種の製品や上場会社に関する評価を無料で行っていたが、1990年代後半から、アメリカの監督機関は特例を設け、三大評価会社に有料サービスを許可した。そこから状況が変わり、「人からカネを取れば、「人のために働く」ことになった。評価を求めるクライアントからカネをもらったあとのことは、想像に難くない。当然ながら、評価会社はクライアントに満足できる高い格付けを出すように尽力するだろう。

ゴミのような債券をきれいに包装した金融商品を設計したとて、評価が得られなければどうしようもない。この場合は、カネをもらったため公正にできない評価会社は、設計者にアドバイスし、最高の格付けをいかに獲得するかを教える。アメリカではほとんど例外なく、政府関連の債券はすべて最高の「AAA」に評価され、さらに「+」を付け加えられるものもある。

それでは、ゴミ債券でもAAAに評価される方法はなにか？　評価会社は「チョコレートケーキ」作成法を伝授してくれる。すなわち、普通のケーキの表面にチョコレートを塗れば、チョコレートケーキとして高い値段で販売できるということだ。この方法を使えば、アメリカ政府発行の債券になんらかの関連性を持たせた債券は、たちまち価値が跳ね上がり、一瞬で「チョコレートケーキ」に変身する。

どんなにゴミのような債券でも、アメリカ政府の債券にセットして販売すれば、たとえ政府債券の要素がわずか10分の1だけであっても、錬金術の奇跡が出現する。このような債券を中国の投資家を含む世界各国の投資家がいくら購入したか、今回のアメリカの金融危機でどれくらい損失を被ったかは、おそらく購入した本人しかわからないであろう。

いまだに、アメリカの場外取引、つまり店頭取引の金融派生商品を擁護し、弁解する人がいる。彼らがウォール街の仕業を粉飾したいのか、それとも自分の過ちを隠したいのかわからないが、これらの複雑な金融派生商品が経済にどのようなメリットをもたらしたのか、金融リスクの解消にどのような役割を果たせたのかについては、アメリカの金融危機以来、タブーになっていて話題に出ない。しかし、明白かつ現存する事実は冷酷であり、今日まで、ウォール街が開発した金融派生商品には、問題にならないものがほとんどない。これはなにを意味するのか？　すべて詐欺であり、全部インチキであること以外に、回答はあるだろうか？　これらはすべてウォール街の過ちで、ウォール街だけが全責任を負わなければならないというのだろうか？　これらすべてはここ40年にわたるアメリカの基本国策、アメリカの世界戦略にはかかわっていないであろうか？　アメリカ政府のシンクタンクの代表的な人物、有名なサミュエル・ハンティントンが書いた『文明の衝突』（参考文献14）を読めば、米ドルの覇権の確立からアメリカの金融危機の勃発《ぼっぱつ》まで、すべての発生源がどこなのかがわかる。本の中でハンティントンはアメリカ政府に対し、アドバイスとして16項目の戦略的な提案をしている。そのうち、金融関連の提案は二つあり、この二つは同様のことを強調している。すなわち、アメリカは世界金融の要衝の高地を占拠しなければならない。なぜだろうか？　金融はアメリカの国家としての存亡にかかわっているからである。

そのため、金融の要衝の高地を占拠することは、アメリカの国家戦略の礎になっている。どのように占拠するのか？　もちろん米軍の出番ではなく、政府の出番でもない。ウォール街とFRBの金利レバレッジを利用するのである。アメリカ政府の故意の黙認と放任があったからこそ、ウォール街のやり放題が助長された。大量の高レバレッジ化した金融派生商品は金融イノベーションの名義のもとで全世界を席巻《せっけん》し、ある程度アメリカの金融覇権体制を支えた。これが「金融植民時代の経済」の誕生を促した。この説は少し大げさに聞こえるかもしれない。なぜなら、今までこの角度から現在の世界金融体制に結論づけたり、位置付けたりする者はいなかったからだ。

全世界の財産の移動と世界経済の支配を可能にしている米ドルの覇権を一言で総括するには、「金融植民」という新しい言葉以外に、より正確に今日の時代を定義できる言葉は見つからないであろう。アメリカの金融戦略とは金融覇権を守ることであり、グローバル化を生み出すと同時に、人類史上未曽有《みぞう》の金融植民時代をつくり出したのである。

「金融植民」は大げさな話かそれとも現実か

170年以上前に、イギリスは砲艦を使って中国の門戸を破り、中国を西側列強の半植民地に変えた。今日になって、われわれは主権こそ持っているが、アメリカはドルを使って中国の門戸を破り、紙の貨幣を使って中国の財産を持ち去り続けている。これは大英帝国をはじめとする西側列強の砲艦植民とまったく異なり、略奪ではなく、（三国志に描かれる）周瑜《しゅうゆ》が黄蓋《こうがい》を叩《たた》くのと同様に合意の上で行われる市場経済活動だと言われれば、たしかにそれで理屈は成り立つようである。とくにフリードマン（注14）をはじめとする新自由主義の市場経済理論が経済学の主流になってから、全世界は徹底的に彼らの理論に洗脳されている。多くの人は弱肉強食を市場経済のゲーム・ルールだと理解し、冷酷にも利益の最大化を追求することを自由競争の正しい結果と見なしている。そのため、自由主義市場経済という旗を掲げて推進された金融植民は、公然とした占領や直接の略奪、赤裸々な搾取がないというだけで、人間性にも時代の潮流にも合っているかのように見える。そして、あたかも全人類が米ドルの覇権に自らの願望で従っているのであって、古代ローマ帝国から大英帝国までの植民地国家の、宗主国の強権に対する服従とは異なるようである。それがアメリカの賢いところだ。

アメリカは「砲艦文明」あるいはほかの「殺戮《さつりく》文明」と異なる、人類史上かつてなかった新しい人類社会の文明形態を創造したのである。この文明はルールと制度をもって公然とした侵略と略奪に取って代わった（戦争をもって難題を解決しなければならない時もあるが、かなり長期間に世界大戦を避けられた）ので、世界はこの新しい文明形態に過激な反応を起こしにくくなった。しかし、見抜ける人は少ないが、これはさらに裏に隠れて、もっと狡猾《こうかつ》に他人の財産を略奪する別種の手段にすぎない。麻酔薬を注射してから行う手術の本質は手術であることに変わりはない。この点を理解すれば、世界がどんなに目まぐるしく複雑になっても、その本質は一つしかないことがわかる。砲艦植民にせよ金融植民にせよ、目的は一つだけ、あなたの財産を持ち去ることである。これでも両者は違うというのだろうか？　あなたはまさかマジックが本当のように見えるからといって真実だと思い込んでしまうことはないだろう。

背後の秘訣を熟知する権威者たちがこの問題をどう語るかを見てみよう。彼らの話から少しヒントが得られるのではないかと思う。

ケインズは１９１９年に公刊した『平和の経済的帰結』という本の中で、次のように書いている――「継続するインフレーションを通して、政府は気づかれずにひそかに国民の財産を没収することができ、この方法で国民の財産を勝手に剝奪《はくだつ》することができる。インフレーションほどひそかに確実に国家を転覆できるものはない。この深層を見抜ける人は100人中に1人いるかいないか程度である」。

この文は明らかに英語から翻訳されたもので、多少わかりづらいが、一つだけ披露してくれた情報がある。すなわち、一部の人がインフレーションという方法を利用して別の人たちの財産を没収するかもしれないということだ。当時の銀行家たちはこのような方法で他人の財産を没収し、政府も同じような方法で国民の財産を没収することができた。それでは、優位にある貨幣を同じように利用して、他国の財産を没収する国は存在しないであろうか？　これを考えると、まずプラザ合意後の日本を思い出してしまう。さらには人民元値上げの圧力をますます重くかけられる中国を思い出してしまう。とすれば、同様の方法で自国のインフレーションを私たちに転嫁し、私たちの財産を巻き上げる国もあるのではないか？

グリーンスパンもかつてケインズの話と同工異曲であった意味深長な話をしている。彼はFRB議長に就任する前に、『金と経済的自由』という論文を発表したことがある。ニクソンが米ドルと金の切り離し政策を公表する前に書いた文章である。彼は次のように述べている――「金本位がなければ、国民の貯蓄がインフレーションに吞み込まれないように守る方法はありえない。財産を安全に保管する場所はない……赤字財政とは簡単にいえば、財産を没収する陰謀であるが、金本位はこの陰謀を阻止している」。グリーンスパンがこの文を書いたのは、ニクソンがブレトンウッズ体制の廃止を宣言する5年も前であったので、この時の話はきっと本音であり、当時のアメリカは典型的な赤字財政であった。金本位が陰謀を阻止しているという話はまったくもって的を射ていた。言うまでもなく、ニクソンは金本位が米ドルを妨げているからという理由だけで、米ドルと金の切り離しを宣言したわけではないが、これもまちがいなく理由の一つであった。金本位はアメリカが思いのままに米ドルの流動性を拡大することを制限しているため、この重たい邪魔者をどかさなければならなかったのである。グリーンスパンの文章を読むと、なぜ彼がFRBの議長に就任したとたんに、二度とこの話を口にしないように豹変《ひょうへん》したかが理解できた。彼の職務によって、アメリカのこの最高機密を隠さなければならなかったのである。

さらに興味深いのは、グリーンスパンがFRB議長に就任してから漏らした別の話である。この話はいかなる報道にも見られず、中国のある経済学者がアメリカを訪問した間に、FRBの役員から聞いたのである。その役員が言うには、グリーンスパンが就任した最初の日に、役員全員に意味深長なあいさつをした――「みなさん、私は今FRBの議長になりました。私の任期中にみなさんはこのホールで言いたいことを存分に発表し、いかなる問題について議論してもかまいませんが、ただ一つだけ黙っていてほしいのです。それはドルに関する話です」。

考えてみよう、FRBのオフィスでドルの話を禁止するということを。国の中央銀行で働く人が自国の通貨に関心を持ってはいけない。あるいは関心を持っていても議論をしてはいけない。しかも中央銀行の内部でも話題にしてはならないなど、とても荒唐無稽《むけい》あるいは不可思議なことではないだろうか？　しかし、これは決して冗談ではなく、深い裏のあることなのだ。米ドルの裏は深すぎて、その秘密を守らなければならず、外部の者に知られるわけにはいかない。これを除いてほかに解釈はあるだろうか？

もしこれらの疑問はただ憶測《おくそく》にすぎないという人がいるなら、次に挙げる4冊の本をご覧いただきたい――『レーガン政権はいかにしてソ連を崩壊させたのか』、『マネー敗戦』（参考文献15）、『Confessions of an Economic Hit Man』（経済的ヒットマンの告白）（参考文献16）、『A Game as Old as Empire』（帝国と同じくらい古いゲーム）（参考文献17）。これらの本の共通した特徴は、すべて著者の自らの経験と反省に基づいているということである。これらの本に書かれている内容は、経済学者や金融専門家たちが学校で学んだものとはまったく異なり、「金融陰謀学」と称すべきであろう。本の中に挙げる事例は人を驚かせるようなことばかりである。これらの事例は作り話ではないかと疑ってもよいが、著者の想像力には驚嘆せざるをえない。そうでなければ、現実は人間の想像力を超えるものだと認めよう。いずれにせよ、とにかくこれらの本の著者たちはすごい。なんのよりどころもなく、これだけの作り話ができるなら、彼は非常にすぐれた頭脳の持ち主であることが証明される。もし作り話でなければ、著者はそれだけ深刻な経験をしたにちがいない。どれを取っても読むに値する本である。

もしこれでも説得力が不十分だという人がいるなら、もう1人のオーソリティーの話を引用して、私の見解をサポートしたいと思う。それはノーベル経済学賞受賞者、元世界銀行首席エコノミストのスティグリッツ教授である。東南アジア金融危機が勃発したあとの1998年4

月6日~25日、東南アジアの金融危機の状況を調査するため、中国政府の金融調査団はタイ、インドネシア、シンガポール、韓国を訪問した。インドネシア、タイ、韓国は中国政府から金融危機対策の援助を受けているので、金融危機に関するすべての情報をつつみ隠すことなく中国に開示した。ところが、おもしろいことに、たった一つだけは中国調査団に見せなかった。三か国はほとんど同じ内容の資料を持っていたが、中国調査団はどの国にもこの資料を見せてもらえなかった。ほかの情報はすべて開示してくれたのに、これだけは見せないという資料はいったいなんだろうか?

のちにスティグリッツ教授はこの資料を公開した――IMFがアジア金融危機の被害に遭った国を支援する際に、援助受け入れ国に突きつけた条件である。今から見れば、この条件は昔アヘン戦争に負けた中国がイギリスと調印した『南京条約』のような「主権を失い国を辱められる」ものであり、どの主権国家にとっても一種の屈辱であるので、中国に見せられないのは当然である。では、スティグリッツ教授がその秘密をあばき出した資料には、なにが書いてあったのだろうか? IMFは援助受け入れ国に次のことをしなければならないと要求したのである。

1. 援助受け入れ国は全面的な私有化を実施。金融業、電気通信業およびその他の各種公共事業、国のすべての戦略的産業を完全に開放しなければならない。言い換えれば、国際資本による自由な買収と合併を許可し便宜を図らなければならない。

2．資本市場の自由化を実施。国際資本が完全に、まったく妨げられずに、自由に進出できるようにしなければならない。援助受け入れ国は食料品、さらに飲用水、天然ガス、国民生活の必需品の価格を大幅に上げなければならない。

しかし、このようにすれば、まちがいなく国民の反対や抗議、さらには暴動まで起きる。その結果、大量の資金が国外へ逃げ、残った資産は最低の価格にまで下落し、外国資本の買収を待つ。そして実際に私たちは、アメリカをはじめとする西側諸国の大企業がなだれ込んで、これらの優良資産を安い価格で大量に買い取る現実を目の当たりにした。

3．自由貿易を実施。援助受け入れ国の市場は欧米諸国に全面的に開放され、アメリカ人はここで自由のままに振る舞える。

ところが、これらはスティグリッツ教授にとっては最も驚いたことではない。本当に驚かされたのは、彼がＩＭＦの首席エコノミスト在任中に気づいたのだが、ＩＭＦとアメリカ財務省が共同で推進していた国際政策は、アメリカが自国で推進した国内政策とまったく逆になっていることである。『不平等の対価』（The Price of Inequality）（参考文献18）という本の中で、スティグリッツ教授は次のように書いている――「私たちはアメリカ国内では社会保障の私有化に反対しているのに、外国ではそれを提唱している。私たちは国内では、経済不況の時に拡張的財政政策の制限を防ぐために、均衡予算主義に反対しているのに、外国が不況に陥った時に、私たちは緊縮財政政策の実施を推薦する。国内では私たちは破産法を通して債務者を保護し、再建のチャンスを与えるのに、外国では私たちは破産を融資契約の違反と見なす」。

スティグリッツ教授は正直に話をしすぎたためか、当時のアメリカ財務長官からの強い要請によって、任期を残して早めに退職した。彼が指摘した問題は、アメリカの国内外の経済政策におけるダブルスタンダードなのか、それとも異なる問題に関して異なる解決方法を採用しただけなのか？　実はどれでもないのだ。これはアメリカの狡猾な計算である。もしこの計算が世にばれたら、おそらく最も忠実な市場原理主義者でも、この計算を陰謀と呼ばずにはいられないであろう。

アメリカおよび西側諸国の経済界や金融業に充満している陰謀の匂いを読者により全面的に理解してもらうために、つまり、すべての非西洋人に、このような陰謀の匂いがアメリカ独特のものではないということを知ってもらうために、ここでもう一冊の本、『はしごを外せ――蹴落《けお》とされる発展途上国』（参考文献19）を紹介したい。

著者はハジュン・チャン（張夏準、Ha-Joon Chang）といい（注15）、韓国系イギリス国籍の経済学者である。彼は200年間にわたる西側先進国の豊かになった歴史を研究し、深く考えさせられる現象に気が付いた。西側先進国はいかなる国も豊かになって先進国入りしたあと、猫が自分の糞《ふん》を埋めて全く跡を残さないのと同じように、他国が経験を学んで豊かになることを絶対に許さないのだ。先進国は決して途上国に豊かになる方法を教えない。この本はスティグリッツ教授の重大な発見の解説書のようなものといえよう。

さらにアメリカ政府にとって容認できないのは、スティグリッツ教授がさらに重大な秘密を発見したことである。彼はアジア金融危機の救済プロジェクトに参加し、ウォール街とアメリカ財務省の協調体制が見え隠れするのを発見した。そのステップは次のようになっている——まずアメリカ財務省がＩＭＦに行政指導を行い、ターゲットとなる国のマーケットのドアを開けると、ウォール街の金融会社が一斉になだれ込む。それでは、このようなやり方で以前にも、ウォール街とアメリカ財務省およびアメリカの金融政策決定機関は手を組んで一緒にやったのであろうか？　歴代のアメリカ財務長官、ＦＲＢ議長、世界銀行総裁の名簿を調べて、その人たちのうち、ウォール街の出身者が何人いるかを見れば、一目瞭然《りょうぜん》である。スティグリッツ教授が見た陰謀の匂いは今回だけで、以前にもその後も一度もないということを誰が信じるだろうか？　信じる人などいない。

これらのウォール街の出身者たちがいったんアメリカ政府の高官に変身すると、ウォール街の利益など顧みず、しっかりと身につけていた最高レベルの陰謀術を二度と使わないということを、われわれは信じるはずがない。とすれば、これらの陰謀を中国に対して使ったことはないだろうか？　答えは明白である。それでは次の問題は、もし中国が欧米とくにアメリカが提示した条件を受け入れ、彼らの要求にしたがって自国の金融政策を制定するならば、彼らから仕かけられた陰謀を避けられるであろうか？　答えは当然ノーである。

なぜこれほど多くの経済学者や金融学者が「陰謀論」という言葉をあざ笑って一蹴《いっしゅう》するのか、私には理解できない。彼らが西側の政治体制における金融のあり方に先天的に好感と信頼を抱くのは理解できるが、しかし良識のある人間ならば、その好感と信頼によって、利益を追求する商人と資本の本性を忘れてはならない。専門知識から、国際金融システムに欠陥があり完璧《かんぺき》なものではないということだけを認め、これらの欠陥や不完全性こそさまざまな陰謀や小細工につながっていることを信じないならば、さらには、西側社会とくにウォール街の金融資本家たちも人間であり利益追求の本能を持つ人間であることを忘れて、ひたすら教科書に書かれている仮定を信じ、彼らをすべて「理性的な人間」と見なすなら、彼らが利益最大化を追求するためにどれほど正気を失った行動を取るかは当然想像できない。

彼らはまちがいなく正気を失った。そうでなければ、ウォール街から全世界を席巻した金融危機はなんだったのであろうか？　多くの事例を挙げるまでもなく、世界のいくつかの怪しい場所を見るだけで足りるが、例えばサイパン島やジャージー島のような無名で小さな街は、どのような実力があってオフショア・ビジネスの中継地となり重要な金融街にまで成長してきたのだろうか？　そこは脱税や租税回避の天国で違法所得を移転できるからである。大手投資家たちは不正入手した資産をここに隠し、マネーロンダリングをしているのだ。

アメリカの金融投資家を含む多くの金融投資家たちはこのような場所に集まり、自由自在にやり放題だ。このような人たちを、誠実で詐欺などせずに法律を遵守するビジネスマンであり、陰謀や小細工をせず清廉潔白な人間だと、どうして信じられるのか？　もし絶対に信じると断言できる人がいれば、その人は幼稚でないとすれば、なにかを企《たくら》んでいるのであろう。今、これらの金融投資家と彼らの背後にある国々は、中国が30年にわたって辛酸をなめ尽くして蓄えてきた富を虎視眈々《こしたんたん》と狙っている。陰謀の匂いに満ちた金融戦争が少しずつ中国の金融業に迫ってきている時、われわれには早めに万全の準備をして立ち向かう以外に選択肢はあるだろうか？　見て見ぬふりをした上に、政策決定者に対して、現実を直視しない「ダチョウ政策」（ダチョウが窮地に陥った時、頭だけ砂に突っ込み体を隠さない行動を取る）を提案してもいいのだろうか？　たしかにこのような提案をした人もいたが、この人たちの本意がなんであろうと、このようなやり方は事実上、アメリカをはじめとする西側のさまざまな金融戦略にわれわれの内部から協力するもので、敵の手先になってしまうのだ。

中国人の富はいかにしてウォール街に流れていくのか

中国の外貨準備高は一時的に4兆米ドルに達し、金融資産は8・7兆米ドルを超えていた。だから一部の人から見れば、中国はかつての醜いアヒルの子から今や肥《ふと》った白鳥に変わった。だから「今の中国人は、自ら自分に経済危機をつくる実力まで身につけた」という冗談半分警告半分の話も聞こえる。例えば、私たちは不動産バブルや株式市場バブルをつくっている。しかし、正直にいって、これらのバブルはすべてわれわれが自分自身でつくったものではない。近年、中国の不動産市場と株式市場のバブルは、欧米諸国が人民元の値上げを強要することとなんの関係もないのだろうか？　国際ホットマネーがさまざまなルートを通じて中国に潜入してきていることと関係しないのであろうか？　今日、経済のグローバル化の列車が疾走している中、アメリカや西側諸国は、今こそ中国に譲歩を迫る最後のチャンスだと気づいた。これは中国の経済発展を阻止する最後のチャンスで、彼らはこのまたとないチャンスを決して見逃すわけにはいかない。それでは、現在の情勢において中国の富を巻き上げる最も便利な方法とはなんだろうか？　経済戦や貿易戦、ライターやおもちゃのようなつまらない貿易戦など、いずれも度胸がなさすぎる。中国人が血と汗を流してようやく蓄えてきた莫大《ばくだい》な富を一括して巻き上げるには、金融戦を除いてはよい方法はない。

今、「人民元は全世界から包囲攻撃される」という言葉がある。なぜ人民元を包囲攻撃するのか？　略奪の中でも金融を通しての略奪は一番恐ろしいからである。日本がその見本である。そのため、西側は人民元の値上げを強要したり、中国が為替《かわせ》操作していると非難したりして、口実はいくらでもつくることができる。いうまでもなく、中国の経済体制や金融システムにはたしかに問題がある。しかし、どんな問題がわれわれ自身で解決しなければならないものなのか、どんな問題が相手から押し付けられたものなのか、われわれは一つひとつを明確にしなければならない。

アメリカは非常にルール戦に長《た》けている。実は金融戦の中で最も重要な手段の一つはルール戦である。アメリカが中国を縛る最も新しい鎖が2007年6月15日につくられた。ＩＭＦは各加盟国の政策を監視する決議案を通したのである。その主な内容は、当事国が為替レートを操作したかどうかを証明する必要はない、その国の政策によって為替レートのバランスを失ったか、あるいは長期的な貿易赤字や貿易黒字をもたらしただけで、ＩＭＦはその国が為替操作を行ったと認定することができる、というものであった。表面的にはＩＭＦは世界のすべての国に平等なルールを制定したのだが、本当は中国を縛るためにつくった鎖である。この鎖は中国の首にぴったり合うものであった。もちろん中国政府はこれに抗議したが、まったく無駄であった。鎖がルールとしてつくられたからには、いくら抗議しても実施されなければならない。実力があれば、それを実施しつつ、被る不利益を避けることができる。しかし、この鎖を自分の首から完全に外すことは難しい。なぜなら、ルールづくりの権威や発言権がないからである。アメリカのやり方は理不尽ではあるが、中国は対抗する力を持っていなかった。

このことからかつての日本を思い出す。プラザ合意という鎖で首を縛られたあと、さらにアメリカにバーゼル規制（注16）という鎖で首を縛られた。最終的にはこれらの鎖は日本の命取りになった。そして20年後に同じ手段を中国に取ったことは、なにを意味するのであろうか？これ以上明言する必要はないだろう。似ている両者の間には、必ずロジック的な関連性が内包されている。私は確実な証拠を挙げることができないかもしれないが、アメリカおよび西側諸国が他国にしかけた金融戦においてどれだけ陰謀を弄したかを、確実な証拠をいちいち挙げて証明する必要はないであろう。われわれはロジックを通してこの問題を論証することができる。幸いなことに、われわれの先哲たちはロジックを発明した。ロジックを使えば、一時的には事実と証拠をもって証明できなくても、少なくとも推測と判断を行うことはできる。われわれは必ずしも先行者と同じように転んではじめて過ちを知り、どの道が行きづまりで、どの道を迂《う》回《かい》して通らなければならないかを知るとは限らない。必ずしも失敗してはじめて利口になるとは限らない。莫大な富を擁する中国にとっては、失敗から学ぶには払う対価や学費が高すぎる。われわれは他人の失敗を見れば賢くなれるので、中国の富がウォール街の大物金融投資家たちの贅沢《ぜいたく》な食卓に出される料理にならなくて済むのである。

かつてない酷寒の冬が到来しつつある

もし米ドルの周期律が本当に存在するならば、これはグローバル化経済の史上最も寒い冬がまもなく到来することを意味するのであろうか？

逆の証拠を挙げ、悲観的な予測が人々にもたらす憂慮を消そうとする人もいるが、私としては、悲観的で冷静な態度を取って、まもなく訪れる冬を警戒しようという意見を受け入れたい。

それでは、この冬はどのように形成され、いかにして全世界を凍結するのであろうか？　それを知るため、アメリカの基本的な金融戦略という核心的な秘密を深くまで洞察しなければならない。この基本戦略の外側を剝《は》がして、驚くべき内核を世間に見せる時、きっとそれを目にするすべての人が驚嘆すると同時に、恐怖感も生まれるであろう。アメリカの戦略デザイナーたちの老獪《ろうかい》さに敬服せざるを得ない。金融レバレッジを利用して米ドルの覇権、別名アメリカの覇権を守るための百戦錬磨のテクニックと超絶的な手腕は、全世界を自由自在に翻弄しているにもかかわらず、翻弄される側はなにも気づかずにいる！　さらに驚嘆すべきことに、これらアメリカの「金融戦略の巨匠」たちは世間の人々の目の前で、正真正銘の陰謀を堂々と行い、明白なピンチをチャンスに変えてしまう。相手はなにもかもわかっているにもかかわらず仕方がなく、落とし穴だと知っていながらも中に飛び降りざるを得ない。将来、世界金融史の本には、この時代のことがきっと人類金融史上の奇観として記述されているであろう。

「危」を「機」に変えるアメリカの「錬金術」を拝見してみよう！

2008年、「金融経済」のすべてのトリックを使い果たしたあと、ほかの国ではなくまさにアメリカでついに金融史上最も深刻な金融危機が勃発した。リーマン・ブラザーズ社をはじめ大手金融機関が倒産したことで、アメリカの衰退という古い話題が再度よみがえった。私も今度こそアメリカは悪運から逃げられないと思った。

ところが、わずか6年間でアメリカは捲土重来《けんどちょうらい》を果たした。それでも21世紀にはアメリカが必ず凋落《ちょうらく》していく趨勢《すうせい》は変わらないと私は確信しているが、しかし、アメリカがこんなに短い期間で、これほどの再起修復の能力を示した事実には、やはり驚嘆の思いを禁じ得ない。

とりわけ驚いたのは、アメリカが半世紀近く振り回してきた金融覇権の杖《つえ》に、新たに最も大きくきらきら光る宝石を飾ったことである。世界金融を監督する権限の獲得だ。アメリカは金融覇権を握って以来40年以上経ってリーマンショック以前の最盛期にも得られなかった権力を手に入れたのだ！

アメリカはリーマンショックに対する反省と是正を名目に、いともたやすくこの喉《のど》から手が出るほどほしかった権力を自分のものにした。言い換えれば、アメリカは道義の名目をもって世界金融の要害の地を占拠したものである。

金融アナリストの時寒氷氏は次のように書いている。「わずか1ポンドだけでLibor（銀行間取引金利）の支配権がヨーロッパからアメリカに引き渡された。これは重大な意味を持つ権力の移転である」。（参考文献20）

イギリスが30年もの間占めていた陣地を陥落させたあと、アメリカの金融部隊はさらに破竹の勢いで、「アメリカの金融監督権を海外に拡大し、ややもすれば外国の金融機関を調査し、数億ドルの罰金を科する。これは実質的には全世界の金融機関を裸にして監視するようなものである！　アメリカは金融警察の役を演じることによって、スーパー金融強権の最大の受益者になる」。時寒氷氏の述べたとおり、イギリスのバークレイズ銀行、香港上海銀行、スタンダード・チャータード銀行、スイスのスイス銀行、ヴェゲリン銀行、それからドイツ銀行、ロイズ銀行、スコットランド銀行、ウニクレディト・イタリアーノ銀行など、そしてこの長いターゲット・リストに最近加えられたBNPパリバ銀行は、アメリカの金融調査という名目の打撃を食らって、次々と白旗を揚げ、罰金を支払った。

いやはやアメリカの見事な逆転勝ちであった！

しかし、アメリカはここで足を止めることはない。言い換えれば、これはアメリカの「危」を「機」に変える第一歩にすぎない。次に私たちはこの大戦略の第二歩、第三歩、第四歩を見せつけられることになる。

2014年9月27日、FRB初の女性議長イエレン氏は量的緩和政策の終了を宣言した。これはアメリカがまた水門を閉め、「量的緩和」を止めたことを意味する。しかし、この首尾よく行われたように見える単なる金融アクションがもたらす結果を十分認識し警戒する人はどれぐらいいるだろうか？　「量的緩和」を止めたあと、水門を突然閉めると下流の流量が激減するのと同じように、全世界への米ドルの供給も急速に緊縮する。次にFRBは金利を引き上げ、弱い米ドルを強くするという常套手段《じょうとう》を打ち出すであろう。そして大量の国際資本は催眠術をかけられたように方向転換し、次々とアメリカへ流れ込み、アメリカの債券市場と株式市場を盛り上げ、米ドルの上昇に勢いをつけ、アメリカの資本市場を大盛況にまで高めていく。

アメリカとは逆に、ほかの国を見れば、先進国と途上国とにかかわらず、とくにＢＲＩＣＳの国は国際資本の突然の撤退によって、新たな金融危機に陥ることを避けられなかった。

このタイミングに、前述のように、アメリカは金融という大きなハサミで全世界の羊毛を刈る時期を迎えた。果たしてどれくらいの国が事前の準備によってこの災難から逃れられるであろうか？　全世界を見渡すかぎり、この恐ろしい状況を的確に予測し対策を講じた国は見つからなかった。見えたのは目先のことしか考えず、ちっぽけな利益のために必死に争う国ばかりだ。その結果、全員が否応《いやおう》なしにアメリカによって羊毛を刈られるように、財産を巻き上げられ、しまいにはアメリカの思惑どおりに地域的危機をつくられる。アメリカがどんなに卓越していても、米ドルがいかに強くても、全世界の財産を巻き上げるために必要な戦略の最後の一手とは、必ず、ある不安定な地域に全世界に広がりかねない危機一髪の情勢をつくっておくことである。いったん危機が訪れると、アメリカがドルを使って全世界から羊毛を刈るチャンスの到来になる。99℃の熱湯をさらに１℃加熱すると沸点に達する。この時の危機は羊毛刈り機のスイッチオンである。危機がもたらした不況の嵐の中で、アメリカはかつてアルゼンチンやタイ、中国香港、韓国、そしてロシアでやったように、最低の価格で危機に見舞われたすべての国と地域で優良資産を買いあさる。

さらに多くの羊毛刈りをする次回の対象国のリストには、中国の名前は記載されていないであろうか？　これを思うだけでも身の毛がよだつ。

資料の示すところによると、アメリカの経済危機の対処法は三つあると言われる。第一に危機を利用して不況から脱出する。第二に為替レートを高める。第三に科学技術の革新を通して経済成長を促進する。この三つの方法の中で、危機の利用は60％と高い比率を占める。これを理解すれば、もう納得するであろう。考えてみてほしい。すでに指摘したように、なぜ米ドル指数の周期が上昇しはじめると、中国の周辺ではトラブルが頻繁に起きるのだろうか？　中国と日本は釣魚島（尖閣諸島）で、中国とフィリピンは黄岩島（スカボロー礁）で、中国とベトナムは南シナ海で衝突が起きる。いつでも地域的危機に拡大する可能性のあるこれらの衝突は、単独なもので互いに関係のない偶発事件であろうか？　また、ロシアがクリミアに対して武力行使したような重大な事態が起きたにもかかわらずアメリカは我慢した。それなのに、中国と周辺国家とのトラブル問題にはしつこく噛《か》みつき、意図的にトラブルを煽《あお》り立て、東シナ海と南シナ海の情勢を悪化させた背後には、いったいどんな底知れない動機を隠しているのだろうか？　これを陰謀と呼ばなければ、なんと呼ぶべきだろうか？

私たちはアメリカのこの魔術のような金融戦略を見抜いた上で、今中国の周辺で急に緊張してきた地政学的な情勢と関連づけて見る必要がある。とくに日本政府が歴史の潮流に逆らって、公然と集団的自衛権を解禁し、半世紀以上禁止されてきた交戦権を取り戻した時に、アメリカは黙認の形でこれを支持し、日本が釣魚島（尖閣諸島）あるいは中国の周辺海域で武力による地域的危機を引き起こすことを可能にした。これは日米間において、さらに深まった戦略的な暗黙の了承ではないか？　喩《たと》えに言い換えれば、これは米ドル指数の周期律において99℃にさらに1℃を加熱する、という新しい事例ではないか？　もしこの判断が成立すれば、アメリカの「アジア回帰」（リバランス政策）の目的は一目瞭然になるのではないか？

復興かそれとも衰退か

アメリカは戦略の転換によって弱体化を避けられるか

2012年の年明け早々、アメリカは戦略の重心をアジア太平洋地域へ移転すると声高に宣言し、経済、軍事、外交、安全保障などの多分野で一斉に行動を起こした。とくにオバマ大統領とパネッタ国防長官およびデンプシー統合参謀本部議長が米軍の戦略的利益の評価に関して、共同で発表した『米国の世界的なリーダーシップの維持と21世紀の国防の優先事項』というレポートは、全世界で騒然とした議論を引き起こした。アメリカは一体なにをしたいのか？　このリバランスの背景と目標はなにか？　アメリカはこのリバランスを通して弱体化から抜け出して、衰退を避けることができるのか？　世界の人々は真剣に推測し深く分析する必要がある。

賢明にしてやむを得ない選択：戦略の重心をアジアにシフト

２００８年の金融危機によってアメリカは深刻な打撃を受けた。数年間の戦略的な揺れを経て、アメリカは半世紀余りぶりに戦略の重心の大転換を始めた。オバマ大統領は「アメリカ初の太平洋大統領」と自称した。ヒラリー・クリントン国務長官も『米国の太平洋の世紀』というタイトルの論文を発表し、今後の10年間においてアメリカ外交の最も重要な使命は、アジア太平洋地域に外交、経済、戦略およびその他の分野の資源を投入することであると明言した。表面的に見れば、これはアメリカが全世界への拡張からアジア太平洋地域重視に切り換え、戦略的な資源や国力の投入先を大西洋中心から太平洋中心へと方向転換しただけであるが、その本質を追究すれば、アメリカが自分の実力の衰退に気づき、世界戦略の収縮をしたと見なすことができる。

その後、オバマ大統領と彼のチームは西太平洋・東アジアで華々しい一連の政治ショーを演じた。まず「天安《チョナン》艦沈没事件―延坪島《ヨンピョンド》砲撃事件―黄海軍事演習」および「釣魚島（尖閣諸島）事件」を利用して、アメリカ離れの傾向を見せていた韓国と日本を取り戻した。東アジアを安定させたあと、方向転換して南下し、共同軍事演習の方式で南シナ海でトラブルをくり返すベトナムとフィリピンを激励したり、台湾に兵器を売却したり、ミャンマー政府に「善意」を示して、中国とミャンマーの友好関係に楔《くさび》を打ち込んだり、シンガポールと沿海域戦闘艦の基地建設について交渉したり、オーストラリアのダーウィンで２５００人の海兵隊の駐屯基地を整備したり、インドと「戦略的パートナーシップ」関係を結んだりした。

こうした一連の地政学上の戦略的なパンチを打ってから、深遠で戦略的な行動に出た。それはアジア太平洋地域の経済を主導し牛耳ることであった。アメリカから見れば、すべての戦略は最終的には経済利益を実現するためのものであり、経済利益を手に入れるには財産の移転を通してしかない。全世界を見渡せば、アメリカの経済とヨーロッパの債券危機の影響を受け、多くの国の経済は低迷しているが、唯一アジア太平洋地域だけが地域経済の牽引車《けんいんしゃ》になりつつある中国の力で活力を保っている。アメリカにとっては、自国の経済を不況から脱出させるためにも、アジアの経済成長から利益を得るためにも、ただちにアジア太平洋地域にメスを入れなければならない。なぜなら、今手を出さなければ、アジアの国々が中国の後ろで新しい雁行《がんこう》形態に並んだならば、アメリカはなにをしても、おそらく時すでに遅しということになるからであろう。

アメリカが声高に叫ぶ「アジア回帰」には一石二鳥の戦略目標があった。一つにはアジア太平洋地域における親分の地位を保ち、「太平洋世紀」をリードし、引き続き太平洋地域をアメリカの「ATM」として、またユーロ圏との競争を支える根拠地として利用できる。二つには中国の発展を抑え込み、アメリカに対するいかなる挑戦も許さない。IMFの予測によれば、2016年には中国のGDPはアメリカを追い越す可能性があり、2030年にはアメリカを大幅に上回り、3分の1か最大2分の1近く多いかもしれない。2050年には中国の経済力は全面的にアメリカを超える可能性がある。これは一つの推測にすぎないが、このような未来図はアメリカに冷や汗をかかせるには十分であった。このような可能性が恐ろしい現実になることを遅延させ、できれば阻止するために、オバマ政権はドイツによって統合されるかもしれないヨーロッパを心配しながらも、再三の利益衡量を経て、やはり戦略の重心を中国に移し、地政学と金融の二大戦線で中国に対して一連のパンチを食らわせ、とにかくまず中国の発展の勢いを食い止めようとした。ただし最近、飴《あめ》と鞭《むち》の両方を使い、大声のわりには実行をあまり伴わないアメリカのやり方を見れば、いかに不況から脱出するかに着眼点を置いているように見える。

今回の戦略の調整に合わせて「スマートパワー」といわれる策略を打ち出したことからは、アメリカの手のうちで出せる切り札が限られていることがわかる。中国バッシングには、アメリカの親分の地位に対する中国の挑戦を抑え込むためよりもっと差し迫った問題がある。中国に経済分野においてアメリカに頭を下げさせ、アメリカの景気回復のために役に立たせる。

アジア地域におけるアメリカの主な策略は「トラブルをつくり、危機をコントロールすること」である。トラブルを起こしてはじめてアメリカのアジア回帰を求めるニーズが生まれ、伝統的な同盟者が遠ざかっていくのを引き留め、新しい仲間を引き付けることができる。また、アメリカの実力になる、「バケツの一番長い板」である軍事力を目立たせることができる。今までのアメリカの策略は「水位が上がれば船も高くなる」であった。各国は水でありアメリカは船である。船は水位の上昇につれて高くなる。みんなよくなれば自分はもっとよくなるということだ。しかし今のアメリカは困った状況に直面しており、「水位が上がれば船も高くなる」は不可能になったため、もう一つ「水落ちて石出《い》づ」という策略を選んだ。すなわち、他国を弱体化させることでアメリカの「強さ」を突出させる。今アメリカが中国に使っている策略はまさに「水落ちて石出づ」である。すべての手段を用いて相手を困らせ、相手より自分の方がまだましだという方法である。やり方としては相手にトラブルをつくり続けることである。

　もっとも、今回アメリカが戦略の重心を中国に向けて移動する意図がどんなに強くても、われわれはアメリカの戦略的な意図について過度に判断し反応してはならない。なぜなら、アメリカは成熟した大国であり、国際社会で覇権をふるってすべてを決めるわけにはいかないことを当然わかっているはずだ。唯一の超大国ではあるが、「片手で天を遮る」ようなやり放題は不可能であり、ほかの国、とくにほかの大国との協力を必要とし、共同管理を通してはじめて目的達成できることが多くある。太平洋地域ではいうまでもなく共同管理が必要であり、中国の存在はアメリカがこの地域で避けては通れない要素となる。そのため、アメリカの対中基本戦略は中国の空間を圧迫し、中国の得るべき権益を減らすことを通して、より多くの切り札を手に入れ、最大限に中国とかけ引きを行うということである。

　この大前提をもとに考えれば、アメリカのアジア回帰の目的を推察することができる。それはアジアの安全保障問題を利用して中国を封じ込めて、中国の発展の勢いを抑え、中国にもっと従順にアメリカと協調させることである。その上で、アメリカはヨーロッパと通貨の覇権をめぐって対決する。こうした意味では、アメリカはコントロール不可能なアジア太平洋地域を望んでいないし、中国との全面対立も希望していないはずである。なぜなら、ユーロ圏と競争しアジアの活力を吸収するためには、まだ中国を利用しなければならないのである。

このような意図が露わになった事件があった。2012年の年明け早々にアメリカのオバマ大統領とヒラリー国務長官は相次いで手を打ち、20年以上も存在していたAPECのメカニズムを骨抜きにして、それまで無名であったTPP（注17）の殻を借りて、アメリカが主導し牛耳るアジア太平洋地域の経済の新しいプラットホームに変えた。その目的はアジア太平洋地域の経済に新しいルールをつくり、アジア太平洋地域のすべての国を網羅し、中国だけを蚊帳《かや》の外に置くことであった。ただし、アメリカの意図は完全に中国を排除することではない。なぜなら、今日の世界経済は中国なしではさらに困るだけである。したがって、アメリカの真意は中国を屈服させ、中国の経済に轡《くつわ》をかませることにある。

TPPは中国を排除するアメリカの経済戦略である。その主な目的は三つある。一つ目はアメリカの経済安全問題を解決する。アメリカは過去20年間にわたり経済では中国に過度に依存していたので、この依存から脱出し、別に土台をつくらなければならないと考えている。二つ目はインターネット時代の経済に新しいゲーム・ルールを制定する。WTOの貿易ルールは17年前にアメリカの主導で制定されたが、その多くは現在の世界経済の状況に合わなくなり、インターネット経済の出現は新しいルールづくりを求めている。アメリカは中国が新しいルールづくりの参加者や制定者になってほしくない。アメリカは、新しいルールを制定する際に中国を排除し、ルールを完成したあと中国を受け入れて、中国にWTOに加入した時のようにより多くの譲歩を強要する。三つ目はTPPを利用して中日韓からなる北東アジア自由貿易圏の形成を阻止する。アメリカはなぜ北東アジア自由貿易圏に関する交渉を許さないのであろうか？ ＥＵとユーロの教訓があったからだ。ＥＣ（欧州共同体）がＥＵに変わり、ユーロまでつくったＥＵは急速に世界最大の経済圏になった。アメリカはユーロが米ドルの覇権に挑戦する大きな脅威になることに気づいたが、時すでに遅し。したがって、今度こそ新しい挑戦者の出現は絶対に許さない。

もし北東アジア自由貿易圏が形成されると、その経済規模は世界三番目になる。そして北東アジアに止《とど》まらず、必ずや南下して東南アジア全域を統合し、東アジア自由貿易圏へと発展する。その後引き続き西へ進み、インド、バングラデシュ、スリランカなど南アジアを統合し、さらに中央アジアと西アジアを巻き込む。こうなったら50兆ドル規模の経済圏が出現し、ＥＵと北米の合計よりも大きい。このような経済圏は内部の貿易決済に米ドルあるいはユーロを好んで使うだろうか？ きっと使いたくないであろう。必ず自分の通貨をつくる。その結果、世界の主要通貨は米ドル、ユーロ、人民元に分けられ、アメリカは天下の３分の１しか占めないことになる。考えてみよう。３分の１しか占めない米ドルの覇権は覇権と言えるだろうか？ したがって、アメリカはＥＵとユーロの発展を黙って受け入れたあとは、次の教訓を未然に防ぐため、北東アジアの自由貿易圏を潰《つぶ》さなければならない。結果として、中国と日本の釣魚島（尖閣諸島）争いを利用して、アメリカは北東アジア自由貿易交渉の阻止に成功し、ついでにアジア経済共同体およびアジア通貨の実現の可能性も潰した。

「アジアリバランス」からＴＰＰまでの一連の操作は戦略的な設計から実施まで、着々と丁寧に進められ、アメリカの戦略政策決定者たちの腐心がうかがえる。ただし、これまでの半世紀近くにわたるアメリカの国家戦略と比べれば、今回の重心の「アジアシフト」は力を入れすぎたように思われ、冷静さや緻密《ちみつ》な計算を失ってはいないが、勢いや気魄《きはく》がいま一つだ。その原因は実力や自信の欠如以外に、答えは見つからない。

アメリカに戦略の転換を促した複数の要因

(1)金融危機の大きな打撃を受けた「空洞化帝国」は栄光を失った

アメリカのサブプライムローンが引き金になった金融危機は過ぎ去ったわけではない。現在のアメリカ経済の問題は景気回復よりもはるかに深刻であり、サブプライムローンの第二次デフォルト期間は既に始まっている。2007年〜2008年のサブプライムローン危機の裏に隠れていたアメリカ金融機関の不良資産が出回りつつある。これはアメリカの経済回復に対する深刻な打撃となり(中国もまた免れない。今回の危機はアメリカの経済をさらに衰退させるだけでなく、貿易を通して広がって、全世界の貿易を衰退に巻き込み、中国の外需を萎縮《いしゅく》させ、経済成長を抑制する)、アメリカがヨーロッパの債券問題や南シナ海問題を引き起こした重要な原因もここにある。アメリカは全世界の視線がアメリカを困らせた問題に過度に集中することにより、米ドルやアメリカに対する信頼が動揺してしまう事態を避けたいのである。

アメリカの債務上限問題は難しい折衝をくり返してやっと解決され、アメリカおよび全世界の債権者がほっと胸をなでおろしたが、これは根本的な解決にはならず、アメリカが相変わらず借金に頼らなければならないという本質的な問題はなにも解決できていない、ということを誰もが知っている。ＩＭＦの最新データによれば、アメリカの国債はＧＤＰの１０３％にのぼる。アメリカの前財務長官も、政府支出の1ドルにつき40セントが借金であると認めている。国債を含むアメリカの負債総額は55兆ドルに達し、一人当たりの負債額は17・6万ドル、家庭平均に換算すれば67万ドルになる。これに対してアメリカの年間税収は約3兆ドル、中間層家庭の年収は約5万ドルしかない。すなわち、アメリカは支出が収入よりはるかに多いという債務の困窮状況に陥っている。それにこの問題は、アメリカが全世界に米ドルを輸出することに依存しなければならないという国のあり方に絡んでいるため、この「トリフィンのジレンマ」はアメリカ経済の袋小路になっている。

前述のように、アメリカ経済が現在の局面になったのは、ブレトンウッズ体制の確立から解体を経て現在までの半世紀以上にわたって、アメリカが国際基軸通貨を支配してきたため、徐々にローテクの実体経済を放棄していったからである。アメリカは過去40数年間、大部分のローテク製造業を「斜陽産業」として海外に移転した（ハイテク産業および高付加価値の産業は国内に残した）のは、世界で信頼される米ドル体制を通して、新興国家を安いローテク製品を生産する工場にし、米ドルを稼ぐために働かせることができると確信しているからである。そのため数十年来、アメリカの製造業は全世界に移転し続けてきた。そして金融危機に突然見舞われた時に、はじめて産業空洞化の危険性に気づいた。そこでオバマ大統領は「産業再建策」を打ち出し、アメリカの実体経済を回復しようと考えた。しかし、政府の生活保護費でさえ発展途上国の労働者の賃金より高いアメリカ人にとっては、3Kに加えて賃金も安い製造業に戻りたい人がいるだろうか？　かといって、もし賃金を上げれば、企業の利益が抑えられ儲《もう》からない。それに近年、製造業は次々と海外へ移転され、製造業のサプライチェーンはなくなり、回復の基盤を失った。スティーブ・ジョブズは生前オバマ大統領に、利潤はあなたに提供するが就業の創出はできないとはっきり言った。これはここ数年アメリカの「就業率が回復しない」主な原因であり、アメリカの産業再建、製造業復興がほとんど画餅《がべい》に帰すことを意味している。こうしてアメリカは、米ドルと少数のハイテク産業を除いて、ほかの国とくに発展途上国に完全に寄生している「空洞化帝国」に変わったのである。アメリカが難局を打開するために「量的緩和策」をくり返し、ドルを乱発行した結果、ドルはますます弱体化し、信用性もますます疑われるようになり、たとえ「実体経済」がなくてもアメリカ人が「金融経済」だけで裕福な生活を過ごせるような時代は続かなくなった。

こうした状況に直面しているアメリカは視線を、中国経済に牽引され依然として羨《うらや》ましいほどのスピードで成長しているアジア太平洋地域に向け、最大限に「太平洋世紀」の配当金を分けてもらう以外には、選択肢はないと言えるであろう。

（2）ヨーロッパの債務危機とアメリカの東奔西走

東南アジアの金融危機が収束し中国の経済成長が加速してから、アメリカは何回も戦略の重心をアジアにシフトしようと考えていた。一つはアジア太平洋地域とくに中国の高度成長から利益を得るため、もう一つは中国の勢いをコントロールし、必要な時に封じ込め、すべてを掌握するためである。しかし、アメリカはヨーロッパにも大きな戦略的利益を持っているため、アジアシフトという重大な一歩を躊躇《ちゅうちょ》なく踏み出すことができなかった。

２００年以上の間に、世界の権力の重心は常に大西洋の両側の間で移動していた。アメリカの世界戦略も大西洋地域のコントロールを軸に全世界へ広めてきた。ヨーロッパは大英帝国の衰退後、ずっとアメリカの戦略の中心に据えられてきた。ところが、はからずも避けられなかった金融危機に見舞われ、アメリカのヨーロッパに対するコントロールは大幅に弱まった。その最も有力な証拠としては、２００９年の末ごろから、アメリカは何度もヨーロッパの政府債務の格付けを下げる方法でユーロに打撃を加え、ヨーロッパの債務危機を直接的に引き起こした。しかし、ヨーロッパはこれによって潰れることなく、かえって力強く統一を実現した。もう一つの明白な証拠はリビア戦争である。この戦争はスエズ戦争以来中東および北アフリカ地域で行われた戦争と異なり、初めてアメリカの主導ではなく、ヨーロッパの主導によるものとなり、戦争の勝利は当然ヨーロッパの勝利となった。

過去30年の間に、アメリカとヨーロッパの実体経済における連携には徐々に分離状態が現れた。ヨーロッパの経済はとくにユーロ体制ができてから、ますます内向きに変わり、内部の貿易の比重は上昇を続けている。しかしこのように変われば変わるほど、アメリカの利益への挑戦者にならざるを得なくなり、とくに今回の中東の激変の裏には、中東地域で通貨の覇権を争うアメリカとヨーロッパの影が見え隠れしているのだ。ヨーロッパは中東の激変とくにリビア戦争および次に起きかねないシリア戦争やイラン戦争を利用して、中東地域を深く整合し、EU＋環地中海の広域に跨《また》がるユーロ決済体制を構築する可能性がある。

この可能性こそがアメリカを動揺させているのだ。アメリカはヨーロッパをほうっておき、戦略の重心をアジアに移す決意を下したにもかかわらず、やはりしきりに向きを変えてヨーロッパの方を見る。アメリカは統一したヨーロッパをドイツが支配する事態を深く憂慮しているのである。もしヨーロッパの事実上のリーダーであるドイツが主導してヨーロッパを統一できなければ、ヨーロッパが分裂するかユーロ体制が潰れるかもしれない。しかしそれより、ドイツに統一されたヨーロッパが世界地図に出現する可能性はもっと大きい。これはアメリカが一番見たくない未来図である。

そのため、アメリカは自分も他人をも欺くように、欧米の経済利益の競合性を故意にごまかすにせよ、共通の価値観をもって対中国の戦略同盟を構築するにせよ、アメリカの戦略的重心のアジアシフトは、今日の世界の主な矛盾は欧米間にあり、米中間ではないという現実を変えられない。アメリカにとっては、生存を脅かすのはやはり米ドルの覇権に挑戦するユーロであり、中国の対米貿易黒字や米中のイデオロギーの違いではない。アメリカの主な戦略的利益はいまだにヨーロッパにある。ヨーロッパが今回の債務危機の泥沼にはまり込んだことで、アメリカにやっと戦略の重心をアジアに移すチャンスが訪れたが、当分中国の台頭に対策を急がなければならないアメリカは、欧米の間にある深刻な矛盾に対して見て見ぬふりをするだろうか？　おそらく難しいであろう。

（3）戦略の重みが軽くなった「中東の平和ロードマップ」

21世紀に入って以来、アメリカは中東の平和ロードマップを推進するために大きな対価を払ったが、当初の戦略的な意図を実質的に実現しておらず、この計画の実施からあまりメリットを得られなかったどころか、逆に自分の国力を大きく消耗し、アメリカの経済に重い負担をもたらした。アメリカ軍人はイラクで5000人近く死亡し、オバマ大統領は自ら1兆ドル以上の費用を投入したと認めている。経済学者のスティグリッツ氏の話では、総費用は3兆ドルに達している。アフガニスタンの戦場では、10年間に約1800人のアメリカ軍人が死亡し、ペンタゴンによる概算では合計3232億ドルを費やした。この大きな対価は、アフガニスタンのタリバン政権とイラクのサダム・フセイン政権を倒した功績に影を投じた上、アメリカはほとんど実現不可能な「中東の平和ロードマップ」について、反省と修正をせざるを得なかった。しかしこれは、アメリカが次第に中東から撤退していく本当の原因ではなかった。

第一財政研究院2011年7月4日発行の『戦略観察』第10号に掲載された報告書「アメリカの海外石油戦略の収縮」によれば、アメリカの石油供給網は本土および西半球へ収縮している。アメリカが2007年から石油輸出国機構（OPEC）の国から輸入した石油は、毎年100万バレル減少し、現在の石油輸入量の半分以上は西半球からであり、中東への依存度はわずか17％前後にすぎない。エネルギーを中東やアラブ諸国に依存する状況はすでに大きく変化している。

報告書はまた、アメリカがブラジルや西アフリカで石油を採掘し輸入する量の増加にともない、加えてアメリカ国内におけるシェールガス等のエネルギー資源開発の加速もあって、中東の石油への依存度はさらに軽減するであろうと指摘している。

中東におけるアメリカの利益は石油に限らず、地政学上の戦略的利益も重要であるが、中東の石油への依存度が軽減すれば、アメリカの中東戦略はアラブ産油国から牽制を受けることも少なくなる。今後アメリカの中東における行動の余地が増加し、その分、派兵の需要が減少する。これもアメリカが戦略の重心をアジアに移行できる重要な原因である。

(4)中国の台頭への対策はぶれから決意へ

「ステークホルダー」から「戦略的競争相手」まで、さらに「仮想敵国」へ。ここ十数年、アメリカの米中関係に関する位置付けはずっとぶれている状態にあった。この期間中に、一方の中国のGDPは世界第五位から第二位に飛躍し、軍事費は毎年二桁《けた》の伸び率で上昇した。これと同時に、太平洋地域でもアメリカを憂慮させる状況が出現しはじめた。中国が主導する中日韓北東アジアとアセアンとの「10+3」経済圏は、ますますアメリカから離れて勢いよく発展してきた。アメリカは憂慮深い目線で長い間、中国の経済規模の拡大と実力の増加を注視したのちに、ついに中国に対する戦略的な判断のぶれを止め、中国の成長の勢いを抑止しようと決意をした。オバマ政権の中国に対する態度の強硬さと措置の厳しさは、父ブッシュ大統領以来の歴代大統領を超え、カウボーイの気質を世に見せ「機先を制する」を唱える息子ブッシュ大統領よりも勝っている。

アメリカの対中政策の変化はオバマおよびヒラリーの個性に関係しているというより、中国の台頭に対する西側陣営全体の恐怖感、とくに中国の発展はいずれアメリカの覇権に挑戦するものになるというアメリカの心配から来ている、というべきである。中国の高度成長は世界経済とくに周辺国の経済への求心力を発揮するだろうという憂慮は、経済不況に陥ったアメリカに焦りと嫉妬《しっと》を煽《あお》った。そのため、ヨーロッパが債務危機の泥沼から抜け出せず、アメリカの戦略における「中東の平和ロードマップ」の重みが軽減された際に、アメリカが戦略の重心をアジアに移し、より多くより大きい国力を中国に向けたことは、少しもおかしくない。唯一疑わしきはアメリカの意図したとおりになるかどうかである。

戦略的な収縮の態勢に基づく新しい軍事戦略

アメリカ国家戦略に基づいたプロジェクトとして、２０１２年新年早々にアメリカは新しい軍事戦略を発表した。全世界にとっては、今回打ち出されたアメリカの新しい軍事戦略の最大の変化は、長期にわたって実施してきた戦争の実力原則である。以前の、東半球と西半球で「同時に二つの戦争に勝利する」という米軍の任務から、「一つの大規模な通常戦争に勝利する能力」を備えると同時に、もう一つ発生する可能性のある衝突において「妨害、破壊、抑止」ができる、という任務に変わった。まだ10年も経っていないうちに「機先を制する」戦略を行っていた米軍にとっては、この変化は根本的なものである。

アメリカは「同時に二つの戦争に勝利する」という戦争の実力原則を50年間もの長きにわたって実施していた。1961年、当時のケネディ大統領は「大規模な戦争ないし核戦争を行う」という戦争原則を「同時に2・5の戦争に勝利する」、すなわちヨーロッパとアジアの二か所でそれぞれ大規模な戦争に勝利すると同時に、アフリカあるいは別の場所で小規模な戦争を行う、という内容に修正した。これが「二つの戦争」戦略の始まりであった。その後の30年間、旧ソ連との冷戦下において、米軍はこのような能力を保ち続けていた。それなのにアメリカは唯一の超大国になった今、かえって軍隊の戦争能力に対する要求を「1・5」の戦争に勝利するものに変えたことには、興味深い理由がある。

もっともアメリカのこうした調整は戦略レベルの冷静で正しいやり方だといえる。アメリカ政府と米軍は今日の情勢を正確に認識している。アメリカの実力の相対的な衰退、中国およびその他の新興国家の台頭を認め、戦略のレベルで「太平洋世紀」の到来を確認した。この新しい軍事戦略はまさにこれらの変化に対処するためのもので、その目的は中国の台頭を妨げ、将来やって来る挑戦に対応し、できる限りアメリカの衰退のスピードを減速して、アメリカの世界的な覇権を延命しようとする。

一方の中国にとって、アメリカの新しい軍事戦略の変化で最も重視すべきことは、まず軍事力の配置の重心が変わった部分である。この戦略によれば、ヨーロッパに配置されている米軍を減らし、重心をアジア太平洋地域に移すことになる。これは米軍の九つの司令部のうちの太平洋軍司令部の地位と役割が大幅に上昇することを示している。次に重視すべきことは、公式の軍事戦略において中国を明確に仮想敵国と見なしていることである。このような位置付けは初めてである。これまではイランのような国だけをはっきりと仮想敵国とし、中国とロシアを「戦略的相手」と称していた。

アメリカは軍事戦略を正式に調整する前に、中国を仮想敵国に「昇級」するためのさまざまな準備作業をし続けた。例えば天安艦沈没事件などの事件を利用して、米日韓の軍事協力を強化する。南シナ海の問題を利用して、中国との間に領土紛争があるアジアの一部の国を籠絡《ろうらく》する。アメリカの皮算用は、中国と周辺国家の緊張関係を利用したり、より一層の緊張関係をつくったりして、アジア回帰への道を開くことである。また、アメリカの介入によって中国と周辺国家の緊張関係をエスカレートさせ、これらの国の米軍プレゼンスへの依存度を高めて、アジアにおけるアメリカの政治と軍事両面のプレゼンスを固めることができる、というものである。

新しい軍事戦略が発表される前にすでに完成したこのような一連の作業を考えると、多くのメディアは自《おの》ずと今回の軍事戦略の変化を単に「中国に照準を合わせたもの」として読み取ってしまう。しかし今のところ、中国を仮想敵国に入れたことは口先だけに止まっており、アメリカが太平洋地域における軍事力配置の調整と強化を行う痕跡《こんせき》はまだ見えないし、調整作業には長い時間が必要である。そのため、今後の予測可能な期間内には、米中の間でまだストレートな対抗は起きないであろう。それにより重要なのは、アメリカの新しい戦略を過度に狭義的に解読してはならないことである。全世界の覇権国家として、アメリカは中国に照準を合わせる意図を持っているが、決してそれだけではない。これは軍事や政治、外交を含む地球規模の戦略であり、中国はその中の一つの重要な目標にすぎないはずだ。

ただし、アメリカの新軍事戦略を机上の空論としたりナンセンスと見なしたりすると、過ちを犯すことになる。なぜなら、アメリカが毎回打ち出す新しい戦略は単なる見せかけではなく、必ずそれを実現するための一連の実行計画を伴っている。今回の新軍事戦略にセットしたのは中国に対する「海空一体戦」（注18）（のちに「JAM－GC」国際公共財におけるアクセスと機動のための統合構想に改名）、アメリカの空軍と海軍が共同で設計した作戦構想と体制である。この設計はまだ理論上のものに止まり、米軍の中でも多くの異議があるため、いったん実施すると、きっと米軍の各軍種間の伝統的な不仲に影響され、希望どおりの連携はできないだろうが、新軍事戦略にセットされた具体的な実行計画として、われわれの考察と分析に値するものである。

米軍の設計した原理から見れば、「海空一体戦」はアジア太平洋地域の同盟国との連携に基づいた、潜在的な敵に対抗する共同作戦計画である。「共同」とは、異なる軍種の共同を指すだけではなく、政治と外交分野の共同をも含む。米軍はこうした軍事同盟を利用して、当該地域までのいわゆる「距離の障害」を克服したい。アメリカが声高に「アジア回帰」を唱え、フィリピンやベトナムなどとの軍事協力を深めようと求めているのも、この設計の外交分野における実行とリハーサルだと見なすことができる。

純粋な軍事の角度から考察すれば、「海空一体戦」は新しいものではなく、昔旧ソ連の津波のように戦車大軍団がヨーロッパ平野を一掃する事態を防ぐためにNATOが設計した「空地一体戦」のコピーにすぎない。発想としてはほとんど新しいものはなく、今のアメリカは空軍にせよ海軍にせよ、単独で「仮想敵国」に対処できるだけの力を持っていないのである。そこでアメリカの海軍作戦部長と空軍参謀総長が軍種の壁を乗り越え、昔の「空地一体戦」理論を探し出して、「古い酒を新しい瓶に入れた」のである。想定の作戦パターンから見れば、アメリカは相手を打撃すると同時に、自分の欠点や弱点を克服する、あるいは隠すようなよい方法を見つけたとは言えない。これらの欠点と弱点は、この世界最強の軍隊にとっては致命傷になるかもしれない。米軍の戦争遂行能力が世界一であることは否定できない。その強さは全体的な情報化作戦能力と宇宙技術にある。ところが、この強さこそがアメリカの致命傷にもなる。つまり情報化への依存である。すべての情報技術がICチップの上に成り立っているという状況では、このような依存を避けることはほとんど不可能である。なぜなら、いかなる情報セキュリティーにも隙があり、GPSシステムにせよ衛星偵察システムにせよ、いずれにしても避けられない。米軍の高度な情報化は情報化への依存という克服できない弱点を生み出し、どんな相手でもアメリカの軍事力を破壊したければ、この突破口をねらえばよい。

その意味でいうと、アメリカの強大な軍事力は非常に脆弱《ぜいじゃく》なICチップの上に成り立っている。米ドルの覇権が現在非常に脆弱になっている米ドルの信用性の上に成り立っている状況と同じである。前者については、ICチップの制約を受ければ、アメリカの軍事覇権は終焉《しゅうえん》を迎える。後者については、消費者が米ドルを信用しなければ、米ドルの覇権も消滅する。

深遠な展望：今度こそ本当に衰退していくのか

アメリカのこれら一連の戦略的行動の目的は、明らかに米ドルを含むアメリカの覇権の維持にある。覇権を維持し、アメリカの衰退を遅らせ、さらに衰退を避けるには、その覇権に挑戦するあらゆる勢力を阻止しなければならない。

しかし、オバマ政権およびその後任者がアメリカの戦略の重心を移行して、挑戦者になりそうな勢力を封じ込めれば、覇権を失う恐怖から救われ、またはアメリカ経済を不況から脱出させることは可能だろうか？　はなはだもって疑わしい。

ここ数十年、アメリカの衰退に関する議論はいつもホットな国際的話題になっているらしい。しかしアメリカはそのたびに不死鳥のごとく危機から脱出し、世間を驚かせている。そのため、アメリカ人はアメリカの衰退に関する話題を一種の「おとぎ話」だと揶揄《やゆ》し、毎回九死に一生を得てもたらされた幸運によってますます自信満々になる。

しかし、今度こそアメリカは今までのような幸運にもう一度恵まれるだろうか？

深く分析すれば気付くことであるが、アメリカの衰退は史上かつてない今回の金融危機から始まったことではない。実は衰退の種は今まで毎回、九死に一生を得るたびに蒔《ま》かれたのである。アメリカの衰退とは、いったい衰退するのかどうかということではなく、いつ衰退するのか、どのように衰退するのかの問題である。なぜなら、アメリカの衰退は本質的な問題であり、金融危機はただ一つの信号、または一つの分水嶺《ぶんすいれい》にすぎない。アメリカの衰退はなぜ避けられないのであろうか？　アメリカは歴史上のどの帝国とも異なる超大国として、今までのすべての帝国がたどり着いた帝国のカーブを避けることができるであろうか？　一つの帝国の興亡を考察する時に、主にその帝国の利益を獲得する方式、すなわち、帝国の生存を維持するために資源やエネルギーを獲得する方式は持続可能かどうかを見るべきである。まさにこの点において、アメリカが米ドルを輸出して全世界から利益を獲得する方式は持続不可能なのである。

通貨を刷る利権を手に入れたアメリカは一種の錯覚に陥った。気楽にドル札を印刷するだけで全世界から利益が手に入るので、苦労して実業や製造業を営む必要はないだろうと思い込んでいる。そして、その思い込みから発展した金融経済は、産業空洞化という思いがけない結果をもたらした。今日のアメリカが貪欲《どんよく》と盲信に食いつぶされた空洞化帝国になってはじめて、オバマ大統領はようやく再工業化政策を打ち出し、実体経済の復興を図ろうとしたが、基本的にはすでに不可能なミッションとなった。その原因は二つある。

一つには、20数年の間に製造業が相次いで海外へ移転し、アメリカの製造業のサプライチェーンはなくなり、製造業を回復する基盤を失った。それと同時に前述のように、アメリカの経済成長にともない、アメリカ国民の収入は大幅に増え、現在の一人当たりのＧＤＰは５万ドルを超えているので、３Ｋの仕事をしたいアメリカ人はいなくなった。

二つには、実体経済の回復はドルを輸出する経済モデルと矛盾する。これが実体経済に戻れない根本的な原因である。全世界へ通貨を輸出する国は貿易赤字さらには財政赤字の両方を保持してはじめて利益を得られる。もしアメリカは失敗を反省して実体経済を復興したいならば、その前提としてドルを輸出する経済モデルを止めなければならない。これはドルの覇権の放棄を意味する。ドルの輸出を放棄すれば、実体経済の復興は不可能ではないが、傲慢《ごうまん》なやり方を止めて普通の国に戻ることになる。普通の大国になるのであり、金融の力を利用して覇権を維持する超大国ではなくなる。しかしオバマ大統領の「アメリカは決してナンバー2にはならない」という宣言からすると、今のところこの問題を解決することはできない。アメリカは貿易黒字を実現するために製品を輸出しなければならないが、ドルを輸出する経済モデルとは真っ向から衝突する。なぜなら、通貨を輸出すると必ず大量の貿易赤字をもたらし、貿易黒字には転換できないことを意味するからだ。したがって、アメリカは全世界へドルを輸出しドルの覇権を保持したいというかぎり、貿易赤字の是正はできず、金融を主体とする産業空洞化の道を歩み続けるしかない。その結果として、さらに多くの人々、さらに多くの国々が、アメリカの経済モデルはいよいよ行きづまってしまい、米ドルを輸出して全世界から利益を得るやり方は世界最大の罠《わな》だったということに気が付くであろう。このような罠には最後に必ず限界があり、限界に来て中心部を支えることができなくなった時に、中心へ向かって崩れていく。現在のアメリカはまさに中心へ崩れる危険性に直面している。これこそアメリカの経済モデルが持続できない最も重要な原因である。

こうした本質的な問題が解決される前に、オバマ大統領が宣言した「再工業化」と「5年以内に輸出を2倍にする」という目標はいずれも絵に描いた餅《もち》である。今はすでに5年間が過ぎたが、オバマ大統領がアメリカのために定めたこの目標は実現までまだほど遠い。

さらに考察すると、アメリカが実体経済に戻れないという私たちの断言は、海外への製造業の移転が長年にわたって行われたあと、アメリカ国内には低レベルと中レベルの製造業の基盤はなくなっているからである。データが示すように、金融危機が起きる前に、アメリカの70%の就業人口は金融業か金融サービス業に移転した。こうした状況においては、引き続き金融商品をもってサービスと交換するか、サービス商品をもって実物と交換するしかない。実物の原産地はおもにアジア太平洋地域、とくに中国である。2011年を例に挙げると、アメリカの貿易赤字は最高記録の5500億ドルに達し、そのうち中国は2960億ドルで、54%近くを占める。

このことは、アメリカの致命的な「産業空洞化」は根本的に是正できず、アメリカの衰退はほとんど不可避であるということを示している。これは中国に対して「人民元切り上げの圧力をかける」という無意味な大義名分をもって解決できる問題ではない。アメリカは「全世界の決済通貨と準備通貨」の地位（この地位を得てはじめて米ドルの覇権が手に入る）を得るために、貨幣を用いて実物と交換する方法で世界にドルを輸出しなければならない。それが当然ながら貿易赤字をもたらす。このような「トリフィン問題」は米ドルのしかるべき優位性であると同時に、また米ドルのしかるべき欠点でもある。優位性とは、アメリカは安いコストの「紙」を輸出して世界中から製品と資源を手に入れることができる。そのための欠点として、貿易赤字の状態がずっと続く。このことは、たとえアメリカが中国から製品を買わなくても（そうすれば米中貿易の不均衡もなければ、人民元為替《かわせ》操作という口実も存在しない）、そのかわりにほかの国から買わなければならない、結果的には相変わらず貿易赤字の問題が解決されず、アメリカ国内の失業問題も解決できない、ということを意味する。自分の顔が醜いのを鏡のせいにするのと同じように、自国の経済問題を、相手国の貿易黒字が悪い、さらには他国民の高い貯蓄率がいけないと他国のせいにするのでは、「アメリカ病」の治療には役に立たない。こうした意味でいえば、金融危機で露わになった「アメリカ病」は本質的かつ構造的なものであって、通常の政策決定上のミスあるいは監督管理の不十分ということではないのだ。

金融危機が起きてから、アメリカはずっと危機が自国の経済力と国際的な影響力にもたらす深刻な弱体化を克服しようと努力している。とくに米ドルに対する世界の信用性が低下する不利な局面から脱出しようと努力している。アメリカの二人の財務長官、通商代表、FRB議長はみんな「アメリカ経済は緩やかに回復している」というメッセージをくり返しており、昨年からはさらに経済の回復は堅調になっているという情報がしきりに伝えられていた。とくに2014年の第3四半期、アメリカ経済の伸び率は突然5%に達し、世界を驚かせた。これはアメリカの経済が力強く回復していることを示すものだと考えられていた。ところが、わずか数か月後の2015年第1四半期の統計では、アメリカ経済の成長率は0.2%下落した。なぜアメリカ経済はジェットコースターのように不安定なのだろうか？　その原因はなんであろうか？　その深い秘密はおそらくアメリカ人しか知らないであろう。

経済学者たちはいつも、現代社会の経済は「自信の経済」だと述べる。ある国の経済指標がよくないと、全世界の投資家がこの国の経済の見通しに対する自信を失ってしまう。そして投資家が自信を失ったこの国の経済はさらに悪化する。アメリカのこの法則に対する理解は明らかにどの国よりも深い。なぜなら、現在のアメリカは借金に頼って運営されている国であるので、国際資本をアメリカに流れ込むように誘致するためには、どの国よりもよい経済指標を必要とする。これは、アメリカが経済指標のためにほかの国より努力して、国際資本を引き付けなければならない、ということを意味する。そのため、アメリカの「経済の力強い回復」を示すデータはどれも意味深長である。国際資本を奪い合うために、各国や各地域は熾烈《しれつ》な戦いをくり広げている。アメリカとヨーロッパ、アメリカと中国、アメリカとほかの地域との間でデータをめぐって争っている。データは重要な手段とツールになっているが、いかなる経済のデータも本当の実体経済の上に成り立ってはじめて意味がある。アメリカを落胆させているのは実体経済の復興の難しさである。金融改革は遅々として進まず、就職問題の解決や市場の状況も思ったようにはならず、量的緩和という手段を何回も使ったにもかかわらず、経済は好転するどころか、逆に米ドルの値下がりに対して世界の不満と心配が高まった。アメリカの巨額の国債は世界の注目を浴び、国家の信用性が疑われている。これらの問題はアメリカの経済回復の見通しを悪くしているため、世界のアメリカと米ドルに対する信用の回復を妨げている。

これらすべてが「アメリカの衰退」に関する話題を世間の議論の中心へと押し上げた。心臓と脳の血管病で病床に倒れている患者に、どんなに足の水虫薬を用いて治療しても治らない。同様に戦略の重心を移す方法を用いて、アメリカが現在直面している根本的な問題を解決しようとしても、状況がよくなるはずはない。

もしかして30年近く前のアメリカの衰退に関するポール・ケネディの予言は、今回本当に現実になるかもしれない。なぜなら、帝国の放物線状に飛ぶアメリカはすでに放物線のピークを越えてしまったからである。

台頭するのは誰か

アメリカが自分を倒した時に
中国はなにをすべきか

トゥキディデスから帝国の衰退に関する話題は絶え間なかった。人々は帝国が一つまた一つと走馬灯のように繁栄しては衰退していくのを見てきた。そして今は、世界史上最大にして最後の帝国――アメリカ合衆国の衰退が議論されている。この話題は半世紀も論争され、もう新鮮ではなくなっている。

本当に新鮮なのは、アメリカはいつ、どんな原因で、どんな形で衰退するかについて誰があえて予言できるのか、である。これこそ新鮮な話題なのだ。しかし残念ながら今までのところ、このような予言のできる人はいない。ましてポストアメリカの世界はどんなものか、どの国がアメリカの後継ぎになるかについての予言となると、なおさら不確実である。

ポール・ケネディの予言はなぜ当たらなかったのか

約30年前に、ポール・ケネディが世間をにぎわしていた『大国の興亡』という大著の中で、それまでのすべての人よりもさらに深く「アメリカの衰退」という話題に触れた時、人々は彼が「正しい」テーゼを提示したと思っていた。ところが、まだ5年も経たないうちに、アメリカは厳然たる事実をもって、ポール・ケネディの「判断の過ち」を証明した。

なぜなら、アメリカはポール・ケネディの予言どおりに衰退しなかったのだ。たしかに彼が予言したあと、まもなくある帝国が衰退したが、それは旧ソ連であり、アメリカではなかった。旧ソ連の崩壊は一応部分的にポール・ケネディのメンツを取り戻したが、その後、アメリカは唯一の超大国を20年間も保持しているという事実をもって、無情にもポール・ケネディの理論を困惑させた。このように見てみると、正しく問題を提示できても、正しい解答ができるとは限らず、さらには正しく解決できるとは限らないのである。

それでは、ポール・ケネディはどこで間違ったのであろうか？　正しく問題を提示したのに、正しい解答ができなかった原因はなんだったのか？　原因はいとも簡単である。ポール・ケネディは歴史の角度から帝国の興亡を考察しているだけである。たしかに現実はいつも歴史と驚くほど似た経験をくり返すし、統計学のレベルでもある種の法則を示しているが、どんなことにも例外がある。アメリカこそその例外のようである。「権力の移行あるいは交替」という一般的な法則からのみ見れば、アメリカは明らかにこの法則から外れている。この外れ方はまるで「アメリカ例外論」の正しさを証明しているようではあるが、最も熱烈に「アメリカ例外論」を唱える者でも、なぜアメリカは例外かについてははっきりと説明できない。実はその原因はいとも簡単である。アメリカが手に握っている権力の杖《つえ》は、古代ローマ帝国から大英帝国までの伝統的な帝国の杖とは異なるからである。従来の帝国は、絶えず領土の拡張や資源の略奪を通して自国に巨額の財産と栄光をもたらすと同時に、少しずつ権力のコストが高まり、帝国の負担が重くなり、帝国の体力が消耗され、そして新興帝国が台頭するにつれて権力が移行し、帝国の繁栄から衰退までの放物線に沿って進む。ところが、アメリカは違う。

前にもくり返し述べたが、アメリカの権力の杖はドルであり、通貨であり、すなわち金融覇権である。この杖は歴史上のいかなる帝国にもなかった。この杖を所有する帝国はきわめて安いコストで巨額の利益を手に入れることができながら、伝統的な帝国の興亡の轍《てつ》を踏まなくてよい。これこそポール・ケネディが洞察できなかったアメリカ帝国の秘密なのだ。米ドルを理解していなければ、アメリカがわかるとは言えない。

このようにアメリカはほかのいかなる帝国とも異なるとすれば、それでもなぜ帝国の衰退する宿命から逃れることができないのだろうか（この宿命こそ、ポール・ケネディが計算の方式を間違えたにもかかわらず、導き出すことができた正しい解答だと私は思う）？　原因はすべての帝国が犯した過ちをアメリカも犯したからである。この過ちは致命的なものだ。すなわち節度というものを知らない。

すべての帝国は際限もなく財産と利益を貪《むさぼ》り、衰退の途をたどっていく。この点においてはアメリカも例外ではない。アメリカは「産業空洞化」を対価として「ドルのグローバル化」という最低のコストに見えた帝国の権力を手に入れ、過去40年にわたり、全世界を相手に「ポンジ・スキーム」式の賭博《とばく》ゲームをくり広げてきた。全世界で毎年100兆ドル足らずの実体経済が100兆ドルを超える資本の流れに耐えきれず、金融経済というゲームがついに最終ラウンドに突入した時、すなわち限界効用逓減の最遠点に至った時、すべての「ポンジ・スキーム」の避けられない終点となる中心への崩壊は、雪崩を打ったように次々と起きる。

これがすべての金融ゲームまたは金融帝国の、ほかの帝国と似て非なる結果なのである。

多くの人たちが、アメリカは衰退していくという私の結論には賛成しないことを私は知っている。彼らはアメリカに関する私の認識が悲観的すぎると考えている。アメリカへ行って、「経済が力強く回復している」アメリカには衰退の気配などどこにもないことを確認すればよい、と私にアドバイスする人もいる。しかし私は彼らに言いたい。私が言うアメリカの衰退とは、今私たちが目にしているアメリカではない。いうまでもなく、今日のアメリカは依然として世界一であり、核兵器も通常兵器も世界一の軍事大国、世界一の経済大国、世界一の科学技術とイノベーション大国など、多くの月桂冠《げっけいかん》をまだ頭に戴せている。

最近のアメリカ経済のパフォーマンスから見れば、一定期間内ならアメリカ経済の好調を見込んでも問題はないかもしれない（私としてはこれを疑っている）が、長期の趨勢《すうせい》を見ると、アメリカが下り坂を下りていることを否定できないであろう。私が言う下り坂とは、すでに40年もの間叫ばれてきたアメリカ衰退論を復唱しているわけではない。「アメリカが衰退している」という結論においてだけ、私の見方はポール・ケネディと一致しているが、これ以外には同様のところはまったくないのである。私は、新興国家の台頭は必ずや従来の覇権への挑戦となるので、挑戦される方のアメリカの衰退も当然であるという結論を認めない。したがって、覇権の喪失を防ぐために、挑戦者を抑えて封じ込めば自分の衰退を遅らせることができると、アメリカが考えているなどとは私は思っていない。こうした意味でいえば、アメリカが中国を主な挑戦者と見なしていることは、方向を間違え、相手の選定を間違えたのであると私は思う。なぜなら、遠くない将来、アメリカを衰退の道へ引きずり込む本当の要因は中国ではなく、アメリカ自身なのである。これこそ、私とポール・ケネディとの意見の分岐点である——外部からの挑戦は帝国の衰退の主因ではない。もっとはっきり言うと、アメリカの衰退の主因ではない。

金融経済は通貨覇権のうまい汁を吸い尽くした

アメリカが過度にドルに頼って全世界から利益を吸い上げる方法は、資本主義社会の上級段階である金融資本主義のパワーを消耗しすぎて、利益を吸い尽くしたため、金融帝国の活力も徐々に消えていった。これはアメリカ自身で自滅へと走ったのである。

「資本主義のパワーを消耗しすぎて、利益を吸い尽くした」とはどういうことか？　多くの人はこの言葉の意味をよく理解していない。どの社会も生命体のようなものであり、資本主義も例外ではなく、その寿命はパワーの獲得と消耗の方式によって決まる。過度にあるいはあまりに早くパワーを消耗することは、生命力の浪費を意味する。もっとも、これはアメリカの衰退の最も表面的な要因にすぎない。もっと深層の要因は、アメリカは利益最大化を追求するという資本主義の本能に駆られ、絶えず科学技術の革新と金融の開発を通して、利益最大化という目標をくり返し追い続けた結果、知らず知らずのうちに、資本主義という社会体制のパワーの獲得と消耗の極限までに至り、新しい社会形態に変異するという後戻りのできない臨界点へ向かっている。この臨界点はすなわち、アメリカが帝国の放物線の頂点に到達してから下へ落ちていく転換点でもある。

しかし、アメリカはこうした趨勢について理解していないように見える。それも当然であろう。今まで人類の歴史の趨勢を本当に見抜いた人は果たして何人いただろうか？　さらに考えれば、もし人類は本当に歴史の発展の法則を見つけることができるのであれば、どれだけ反乱や戦争ないし革命を避けられたであろうか。ある社会が、その社会の変化をもたらす要因の条件がまだはっきりと出現していない時に、つまり社会が変革の本当の臨界点に到達していない時に、いかなる外部からの力もその社会に根本的な変化を引き起こすことはできない。大国の繁栄と衰退もこの定理に従うものである。人為的な社会運動や革命、反乱、戦争だけでは、その社会の基本的な性質を完全に変えることはできない。この社会の変化を引き起こす最も重要な要素は、生産方式および交易方式の変化である。この点に関しては、ジェレミー・リフキンの指摘が正しい（注19）。

昔から人々の社会革命の重要性に対する認識には、ある種の過ちがあり、歴史にまで波及する革命の影響力を過大評価していた。社会革命と人類の経済活動とを比べれば、どちらが社会を変える力がより大きいであろうか？　例えば、歴史研究者たちのお気に入りのフランス革命は、ヨーロッパないし人類の歴史において本当にそれほど重要であっただろうか？　私から見れば、フランス革命はヨーロッパの近代史に大きな影響を与えたが、その意義は想像されているほど重要ではなかったと思う。たしかにフランス革命は新しいフランスを生み、ナポレオンはフランス革命に鍛えられて高揚した闘志と情熱に満ちた新しい軍隊を率いて、ヨーロッパの「神聖同盟」を一掃する戦争を遂行した。

これはフランス史上、軍隊の戦闘意欲が頂点を極めた時期であった。かつてのカエサルのガリア戦争以降、フランスはこれほどまでに情熱に燃えたことはなかった。ナポレオンは革命の力によってかき立てられたフランス軍の情熱を利用して、ヨーロッパ全域の王国を次々と征服した。ところが、この英雄がなにを変えたかを見てみると、彼は一時的にヨーロッパの帝国をことごとく滅ぼしたが、ワーテルローで失敗すると、それらの帝国はまた次々と復活した。これはこの軍事の天才ナポレオンとフランス革命は結局、ヨーロッパの封建主義社会形態を変えられなかった、ということを意味している。

社会形態を根本的に変える力はなんであろうか？　それは反乱でも戦争でもなく、当然ながら今日アメリカが東ヨーロッパや中東の国々で支援している「カラー革命」でもない。人類数千年の文明史がすでに証明しているように、社会形態を変える基本的な要素がそろっていなければ、社会の表面にとどまる「革命」を含めて、いかなる大洪水のような反乱や戦争でも、単なる空振りにすぎない。王朝交替の連続ドラマを演じると同時に、そのたびに社会の富を失ってしまい、財産を少数の人たちから奪って別の少数の人たちの手に渡すだけである。毎回くり返される富の損失は、歴史が逆戻りすることを意味する。社会運動の大きな破壊性によって、すべてを原点からもう一度始めることになる。人類社会の真の進歩は、富を代々積み重ねる中で実現しなければならない。この法則に逆らうからこそ、人類は数千年の長い歴史の中でいつも低いレベルで循環をしていたのである。

西洋の近代文明がこうした悪循環から飛び出すことができたのは、社会革命より経済革命を重んじたことによって、２００年以上にわたって富を失わなかったため、社会を前進させる十分な力を保つことができたからである。言ってみればとても簡単なことであるが、科学技術の革新と経済発展によって二つのものが現れた。一つは生産方式の変化、もう一つは交易方式の変化である。生産方式の変化は生産能力の飛躍を実現し、生産能力の飛躍を通して大量の製品がつくられ、それによって従来の交易方式が古くなり、そこで必然ながら、大きな生産能力に適応し消化できる新しい交易方式が生まれる。生産方式と交易方式の変化は最終的に必ず社会形態の変化を導く。これこそヨーロッパの封建主義社会が資本主義に取って代わられた根本的な原因である。

ヨーロッパを新しい社会形態に導いたのは大英帝国であった。イギリスの産業革命と自由貿易は産業形態の変化と交易方式の変化をもたらし、そこに新しい社会が誕生した。それが資本主義である。

私たちはこれらすべてのことを知っていれば、人類がどれだけ長い間独りよがりで頑固だったかがわかってくる。ところが、アメリカ人は未《いま》だにわかっていない。彼らはまだ古い帝国のように、自分の覇権に挑む相手を封じ込めさえすれば、自分の覇権は永遠に守られると考えている。彼らは一度も認識したことがないようだが、自分こそ資本主義社会を金融資本主義という最終段階に押し上げ、自ら実物の生産を放棄し、高いレバレッジ効果の金融資本主義をもって、資本主義自身の潜在能力と利益を残さずに食い尽くそうとしている。

欧米の反目による資本の争奪と金融資本主義の崩壊

今から100年前に第一次世界大戦が勃発《ぼっぱつ》した。この新旧帝国が生存空間獲得のためにくり広げる殺戮《さつりく》の本質は、資源を争奪する戦争であった。工業化時代（実体経済）における帝国にとって、どれだけ資源を占有するかは帝国の勃興あるいは存続のための命綱であった。100年後の今、欧米の先進国が相次いで金融経済の時代に突入したのにともなって、ゲームのやり方も変わった。資源の占有が国の運命を決めるというバトンは新興国家の手に渡された。欧米諸国は過去40年の間に、資本争奪のゲームを大量かつ加速度的にくり広げてきた。

「アマゾンの熱帯雨林で一匹の蝶《ちょう》が羽ばたけば海の対岸で嵐が起きる」という言葉がおしゃれな警句にすぎないなら、インターネットが金融資本の光速の羽になった時、資本という蝶は羽ばたくたびに世界規模の嵐を起こしかねない。アメリカという資本の呼吸に頼らなければ生きられないキングバタフライは、新しい世紀の幕が開いてからは、ますます頻繁に資本の羽を羽ばたかせて自分の命を維持しなければならなくなった。

そしてアメリカと世界との資本争奪はますます熾烈《しれつ》になっている。表面的には、世界の舞台ではまだ20世紀の旧《ふる》い芝居——後を絶たない戦争やくり返される危機——が演じられているが、洞察力を持つ者ならば「9・11」以来、アフガン戦争、イラク戦争、リビア戦争などすべての戦争は名前こそ異なれ、目標が同じであること、サブプライムローン危機、ヨーロッパ国債危機、ウクライナ危機などすべての危機は名称こそ異なれ、動機が一致していることに気付くであろう。いずれも同一のものを奪い合っている。

私たちはこのようなことを見抜けなければ、誰がなぜ中東や北アフリカで「カラー革命」を推し進め、これらの国を崩壊させたのかを理解できない。また、ヨーロッパは自業自得的に、プーチン大統領がウクライナ危機に乗じてクリミアを奪還したと同時に、一兆ドルにものぼる資本がヨーロッパから撤退した事態をなぜ許したのかを理解できない。さらになぜ、サウジアラビアをはじめとするOPECが石油の増産と石油の値下げに躍起になっている時に、ロシアがやむを得ずIS（イスラム国）を攻撃したのかを理解できない。そして、パリで起きたテロ事件と米ドルの金利引き上げとの間にどんな関連性があり、オランド大統領がプーチン大統領と共同で対テロ作戦をしようとしている時に、なぜトルコが不思議にもロシアの戦闘機を撃ち落としたのかを理解できない。

これらすべての背後には、常に見えない手が動いており、その指先が終始同一の方向を指さしているのだ。それは資本である！

20世紀70年代から、アメリカは率先して資源の争奪を資本の争奪へと格上げし、「資本を支配する者は世界を支配する」という公式を徐々に定着させた。全世界を金融資本主義社会に引きずり込んでから、アメリカの「資本こそ王様」の時代はすでに半世紀近く経った。その大部分の期間において、アメリカは金融経済を使って実体経済を奴隷に変え、全世界を米ドルの足元に跪《ひざまず》かせ、自分だけが金融の天地で風を吹かせ雨を降らせ、意のままに振る舞っていた。たとえ米ソ冷戦の最中でも、独りで通貨の覇権を握り、他者の挑戦を許さなかった。これによってアメリカは全世界の資本を思う存分に使え、紙の通貨で実物と交換できる快適な時間を過ごしていた。

時は1999年になり、ユーロがこの世界に現れた。これは、もっと多くの人為的につくられた資本が、地球の限られた資源と富を分けるゲームに参入してきたことを意味する。その対価として、さらに多くの国が主流から外され支離滅裂になり、さらに多くの資源やエネルギー源が過度に開発されるクレジット商品に消費され、さらに大量の自然環境が破壊され、さらに大量の難民が発生して雪崩の如く災難をつくった張本人である先進国に入る。

悲しいことに、このような残酷な現実に直面しているにもかかわらず、災難をつくった人たちは依然として反省せず、資本の争奪に無我夢中になっている。争奪が激しくなれば危機も当然激しくなり、今回の危機と次回の危機との間の時間も短くなり、危機勃発の頻度が増え、当事者間の衝突の確率も大きくなる。さらに悲しいことに、ゲーム参加者全員は、自分の行為が拡大されたトゥキディデスの罠《わな》にはめられているにすぎない、という認識を持っていない。すべてのトゥキディデスの罠は大小を問わず、最終的には、その外延がこれ以上拡張できなくなり、外側の利益を中心に送ることができなくなった時に、不可避的に中心へと向かって崩壊していく。

ウォール街はこれを信じず、FRBもこれを信じようとせず、アメリカの支配集団も同様に信じていない。「タイタニック号」に乗っていたすべての人も、あの巨大な船が氷山にぶつかる瞬間まで沈むなどとは信じるはずはなかった。しかし、来るべきものは最後には来る。ただし、この最期は100年前と正反対である。100年前、すべての帝国が第一次世界大戦で倒れた後に立ち上がったのは、活力あふれる若い資本主義であったが、今回は最後の帝国とともに倒れるのは、年寄りになった資本主義である。

なぜなら、アメリカは資本主義をその頂点である金融帝国に押し上げ、資本というゲームを遊んだ結果、資本主義の精力を消耗し尽くした。

インターネットは画期的なイノベーションであり最後の帝国を消滅させるものとなる

アメリカも含めて誰も予想できなかったが、アメリカの富への底なしの欲望、資源の節度なき消費、イノベーションに対する無限の情熱は歴史と時代に深刻な変化をもたらした。これらの変化の中で最も不思議なものは、アメリカがその変化によって衰退してしまうことである。原因は非常に複雑でありながらもきわめて簡単だ――アメリカはインターネットを発明して、それを全世界へ広めた。

インターネットの普及はアメリカも含めるこの世界を完全に変えた。私は何人かのアメリカ人学者と議論したことがある。私は彼らにこう話した。みなさんは中国がアメリカに対する最も有力な挑戦者だと考えているが、間違っている。中国は自分の道を歩みたいと思っているだけで、アメリカに挑戦するつもりはない。アメリカの未来、とくに世界におけるアメリカの地位に挑戦するものはアメリカ自身である。

アメリカのイノベーションがアメリカを衰退の道へ引きずり込んだのだ。アメリカ人はいつも「アメリカは世界一のイノベーション大国だ」と自慢している。たしかにアメリカの科学技術分野のイノベーションは世界をリードしており、人類の経済活動を牽引《けんいん》している。ところが、まさかイノベーションの中でも最もすばらしいイノベーションこそ、アメリカを不可避的に衰退の道へ引きずり込んでいくとは、誰が予想していただろうか？　アメリカが誇りに思っているすべてのイノベーションの中で、最も重要なのはインターネットである。インターネットは誕生して以来、工業生産、経済活動、軍事改革などにおける効率倍増装置の機能を果たしている。しかし、インターネットが全世界に広がったことによって、すべてが不可逆的な変化が起きてしまう。すなわち、インターネットの最も本質的な特徴――中心からの分散化が出現するのである。

「中心からの分散化」はなぜアメリカの衰退をもたらすのだろうか？「中心からの分散化」は権力を解体するからである。インターネットが完全に普及すれば、「中心からの分散化」や「多様化」の傾向はいかなる人の意思にも従うことなく顕在化してしまう。この傾向は今日アメリカ以外の国々が追い求めている多極化の世界構造を必ずや生み出して、最終的にはアメリカ一国だけの覇権を解体するに違いない。アメリカは遅かれ早かれ、衰退していくことを以前から恐れてはいるが、明らかに今日のアメリカはまだこの問題を深く認識してはいない。衰退に対する恐怖感に影響されて、アメリカはインターネットがもたらす「中心からの分散化」の傾向にどう対処するか、いかに効果的に自己調整を行うかを考えず、歴史上のすべての帝国がたどり着いた衰退の轍を踏むことにしたのだ。すなわち仮想の挑戦者を叩《たた》きつぶせば自分の覇権を守ることができる。そして21世紀を引き続き「アメリカの世紀」にすることができると。

こうした戦略上の重大な判断ミスのもと、アメリカの多くの大物政治家やメディアは中国を選んで標的に定めた。これは間もなくやって来る重要な時代に対する恐るべき鈍感性である。その結果、アメリカは間違った方向へと日ましに減少していく戦略資源を投じて消耗し、枯渇するまで覇権を維持するコストを増やすということになる。

中国にとっては、このことはもちろんよいことではないが、それほど悪いことでもない。中国人はいつも「プレッシャーがなければ軽薄になる」という言葉を口にする。アメリカからかけられたプレッシャーは、かえって強く反発する原動力になるかもしれない。すなわち物理学が教えてくれるように、作用と反作用の力は等しいのである。

アリババ社がどんな斬新なビジネスモデルをつくったかを見ればわかる。そのビジネスモデルはアリババ社の独創ではなく、アメリカにもあるし、もっと早くつくられるはずだったとアメリカ人は言うかもしれない。しかし私が言いたいのは、中国の規模はアメリカより大きいということだ。これこそ将来性であり、しかもそれほど遠くない将来である。アリババ社一社だけの「11月11日」における売上額が、アメリカの感謝祭期間におけるすべてのネットショップと実体店舗の売上合計額よりも上回った時、未来の天秤《てんびん》がどちらに傾くのか、その答えは自《おの》ずと出るだろう。もしかしてアリババ社は最終のゴールインをやり遂げる選手にはならないかもしれないが、現在進行中のトップランナーとして、真新しい生活様式をつくり、人類を一種の新しい社会に連れていく可能性があることに疑いの余地はない。

このようなモデルの前では、アメリカ人が慣れている資本主義社会の、資本やドルに頼って利益を手に入れるという完全に成熟したモデルは時代遅れになろうとしている。これは「SDR」(特別引出権)のバケツに入ったばかりの人民元が、米ドルの方式に倣って利益を得ることはあまり長く続かないことを意味する。言い換えれば、もしアメリカがこの道の行きづまりにたどり着いたとしたら、中国を含むほかの国々はこの道をもっと遠くまで進むことができない。中国とアメリカのどちらが先に数千年にわたる等価物としての通貨の古巣から飛び出し、早く未来における人類の交易方式の秘密に目覚め、斬新な価値基準と信用システムをつくれるか、という競争になる。間違いなくこれからは偉大な時代である。インターネットやIoTが普及するEコマースの時代を前にして、中国とアメリカは同じスタートラインに立っている。中国とアメリカの両方にとっても死活問題となるこの競争においては、どちらが最初にリードするかはさほど重要ではない。重要なのは誰が最終的にゴールインするかである。したがって、アメリカの真の敵は中国ではなく、新しい産業モデルと交易モデルが間もなく誕生することであると私は言いたい。この二つのモデルは、アメリカ人がすっかり慣れて麻薬中毒のように止められない資本のゲームモデルを一変させてしまう。アメリカにとっては非常に苦しいことになるが、世界的な範囲において通貨の覇権を持つ快感を一度も味わったことがなく、実体経済から金融経済へのバージョンアップもまだ完成していない中国にとっては、まったく負担にはならないのである。

さらに想像と推測を進めていけば、インターネット経済が完全に普及し、電子決済、カード支払い、ネット取引などが人類社会の基本的なビジネスモデルになった時、米ドルは交易と決済の領域から退出せざるを得ず、価格を計る基準や計量の単位、さらには一種の記号ないし概念としてしか使われないようになるであろう。これは、アメリカが好むと好まざるとにかかわらず、ドルの覇権を放棄しなければならないことを意味する。そうなれば、米ドルの覇権は消滅する。ドルの覇権を失ったアメリカは果たして、全世界が頭を下げてアメリカの意向に従う帝国であり続けることができるだろうか？

この角度から見れば、こうした意味においてアメリカはいずれ衰退していくであろう、と私は告げているのである。

中国が幸運に恵まれることへの願い

チャンスはいつも準備万端の人を訪れると同様に、幸運の神様も準備を怠らない国に恵みを与える。大国の興亡の歴史が東から西へ移り、地球を一回りした今、また太陽が昇る東方に戻ってきたようである。ただし、アメリカの衰退は必ずしも中国の勃興を意味するとは限らない。なぜなら、正真正銘の大国の台頭は必ず一種の新しい文明の誕生になる。歴史上、世界的な大国の台頭は例外なく新しいモデルの文明を示していた。中国にとっては、二回もアヘン戦争を起こした相手である大英帝国を嫌っても、あるいは今でも中国の発展を封じ込めようとしているアメリカを嫌がっていても、彼らがたしかに二つの文明様式を世界に提供したことは認めなければならない。大英帝国は産業革命の土台の上に築かれた貿易文明を提供し、アメリカは大英帝国が切り開いた道に沿ってさらに前進し、先輩のイギリスを超え、世界経済を整合する金融文明を世界に提供した。これらの文明は公正なものではなく、他国の富を略奪する動機と傾向を持っている、とあなたが思っていても構わないが、いずれにせよ、彼らは自らの文明の枠組み内で運営される有効なシステムを世界に提供した——一つは交易の信用システムであり、もう一つは交流の価値体制である。いうまでもなく、今日では両方のシステムに問題が生じた。アメリカの金融危機とヨーロッパの債務危機およびアメリカ主導のアフガン戦争、イラク戦争、ヨーロッパ主導のリビア戦争のいずれもこの点を証明している。このことは、分岐点に来た中国に一度止まって考えてみるよう促したのである。中国は次にどこへ行くだろうか？　言い換えれば、中国は大国として台頭するために、世界になにを提供するつもりだろうか？　ある意味でいえば、中国は自らの問題さえうまく解決すれば、世界の未来のために難問を解決することになるかもしれない。

古今東西において、さまざまな文明形態の本質はなんであろうか？　言い換えれば、さまざまな文明のコアとなるものはなんであろうか？　それは信用であり、帝国の域内あるいは影響力の及ぶ範囲内で、自らが主導する信用体制を確立することである。

古代ギリシャの影響やキリスト教の歴史の影響をとりあえず置いておき、近代史に限っていえば、大英帝国は貿易の文明をつくった。さらに正確にいえば、イギリスは産業文明の土台の上に全世界の貿易体制を築き、その体制のためのルールづくりをした。すなわちそれは、アダム・スミスが基礎を確立した初期資本主義市場経済の理念と価値観である。大英帝国が繁栄の後に衰退したあと、その地位を受け継いだアメリカは事実上、大英帝国がつくったゲーム・ルールや価値基準をそのまま使っていたが、後にイギリスの土台よりさらに大きな一歩を踏み出した——徐々に貿易文明から遠く離れ、金融文明を開拓して全世界をそこに引きずり込んだ。二つの文明の区別は次の通りである。貿易文明は通貨を媒介して実物と実物を交換するが、金融文明は、ただの紙である通貨を特殊な商品として実物と交換する、という新しい交換方式である。金融文明は国家の実力、とくに強大な軍事力をもって強制的に信用をつくり、米ドルによって世界的な経済活動における信用の価値体制を主導する、というアメリカ独自の覇権形態である。

それでは文明とはなにか？　それは個人にとっての文明は生活様式であり、国家にとっては生存方式である。アメリカは米ドルと石油のリンクを通して、国家の信用を創出する貨幣の印刷を、みごとにアメリカの最も基本的な生存方式に変えて、以後40年以上もそこから利益を得ている。アメリカのＧＤＰは１９９０年前後に7兆ドルであったが、その後の20年足らずで2

倍になった。そのうちＩＴ産業の飛躍は大きな貢献をしたが、それでもＧＤＰへの貢献度はドルから得た利益にはるかに及ばなかった。米ドルが人類社会および歴史に与えた影響は、アメリカのＧＤＰに与えた貢献をはるかに超えている。米ドルはほとんど無限に近い信用の創出を通して、人類の投資、生産、交易の規模および自然の様態を変え、同時に人々の財産意識、価値観ないし世界観をも変えてしまい、もう逆戻りはできない。このような変化は恐ろしいほど深刻であり、米ドル体系を変えようと思うと、この世の終末日までも連想してしまう。

とはいえ、変えなければならない。変えずして、無限の信用創出をプラットホームとする資本のゲームを放任し、止まるところを知らず限界もなく続けていけば、人類は本当に遠くない将来のある日に、終末を迎えることになるであろう。

しかし改変は難しいことである。なぜなら、私たちはすでに米ドルに支配される生活様式と生存方式に慣れている。私たちがやっているすべてのこと、仕事、生産、創造のいずれにおいても、どの国にいようと、いかなる自国の価値基準に見える通貨を使おうと、最終的には米ドルに換算され、米ドルの価値基準によって計られ評価される。こうした計量と評価は絶望的なものである。なぜなら、米ドルの信用創出は全世界の信用を限りなく過度に消費し、すべての価値を終わりのない下落の循環装置に放り込む。

これは資本の波が次から次へと高くなり、いずれは全世界を呑《の》み込むことを意味する。

明らかに人類はすでに、資本殺人マシーンと自殺誘導マシーンのような循環ゲームから離れなければならない時を迎えている。これは、私たちが新しい生存方式を見つけて実行しなければならないことを意味し、また、私たちには新しい文明の創造が必要であることを意味する。そのため、私たちはまず新しい人間関係と国際関係、つまり新しい信用体制を確立し、その上で、新しい価値基準と信用創出をつくらなければならない。

この点において、インターネットを代表とする日進月歩の情報テクノロジーは、私たちに方法のヒントと技術のサポートを提供している。「銀行のない世界」について議論を始めた時に、通貨がなければ資本もない、資本がなければ金融覇権もない、金融覇権がなければ金融帝国もない、というような社会を語っているのではないか？

いうまでもなく、この一歩を思いついただけでは、明日の世界の輪郭を描くにはまだほど遠い。しかし、これは必要な想像である。想像がなければ未来もない。想像がなければ明日は昨日と変わらない。

想像は新興国家の発展に新しい基準と道路標識を与え、私たちを盲信から目覚めさせる。現在のアメリカの優位性であるＧＤＰ、科学技術、軍事力、ソフトパワーなどの分野でアメリカを追い越しさえすれば、中国の復興が実現できると私たちは盲信している。これはまったく想像力を欠いた独りよがりな考えである。たとえアメリカを追い越したとしても、現在のアメリカのすでに活力を失ったものを複製したにすぎず、新しい文明の誕生ではない。

従来の歴史が行きづまりに来た時、複製品を使って新しい歴史を切り開くことは不可能である。したがって、中国は道を選ぶ時に、自分の行き詰まった旧い道もアメリカの行き当たった現在の道も捨てなければならない。すなわち、中国は過去30数年も輝かしい経済成長をやり遂げた発展モデルに別れを告げなければならない。利潤をもたらす安価な労働力、権力を蓄財の手段に転化する政府の役人たちの高い「効率」、現代の金融制度と巨額の信用創出を利用して実現する驚くべきマネーゲームの効果、今は同時に高速運転しているこの三台の経済成長エンジンは、回転速度が遅くなっているか、あるいは原動力を失ったため、見直しの時期に来た。幸いにしてタイミングよく、1000年に一度大きく変わる重要な時代が真正面からやって来た——インターネット、ビッグデータ、クラウド・コンピューティング、Eコマース、3Dプリントなどが私たちの生産方式と交易方式の双方を同時に変えようとしている。人類が遭遇したことのない新しい社会形態が徐々に姿を現した。これは世界にとっても中国にとってもまさに千載一遇のチャンスである。今ほとんどすべての大国は迎えつつある新時代に向けて、同一のスタートラインに立ったが、率先して歴史の重荷を捨て、心を入れ替え、新しい経済成長モデルと新しいガバナンス・モデルを見つけ、世界のニューリーダーになる国は一つしかない。

断言できるのは、この国はきっとアメリカではないということだ。ニューリーダーの旗には必ず「平等互恵、共存共栄」と書かれていなければならない。あまりにも長くゼロサム・ゲームと一人勝ちに慣れてきたアメリカは、慣性力に推されている思考法を変えることさえほとんど不可能である。今のイギリスを考えればわかるが、一世紀もの時間を費やして、ようやく昔の栄光を失った現実に徐々に適応できるようになったのではないか？　同じアングロサクソンの思考法を持つアメリカが、考えの切り換えにおいてイギリスより速いとは思えない。ジョセフ・ナイ氏（注20）のようなアメリカきっての頭脳でも、「ソフトパワー」や「スマートパワー」を用いて、今にも崩れそうになっている国を支えようと苦心している。戦略と策略のレベルで上手にやれば、枯木も春になれば繁茂するようになるという考えである。このような判断と提唱は驚くべき戦略上の過ちである。なぜなら、ナイ氏と彼の同僚たちは、いかに実力の運用を通して権力を維持するかという目標にすべての神経を集中しており、権力と実力の源および変化についてはまったく理解していない。言い換えれば、ナイ氏たちは実力を運用する戦略と策略を重視しすぎたため、権力自体の構造および原理を見落としたのである。どんな権力でも権力自体を構成する原理とその潮流には逆らうことができない。

明らかにナイ氏は権力の発生源の秘密、すなわち情報の独占ということを洞察していない。人間の集団ができた時から、権力の誕生は情報の独占と密接不可分になっていた。情報の独占がなければ権力もない。この秘密については秦の始皇帝も、カエサルも、ナポレオンも、ルーズベルトも、それに孔子《こうし》でさえも知っている（それ故に、孔子は「民は之《これ》に由《よ》らしむべし。之を知らしむべからず」と言った）。しかし、ナイ氏とその同僚、それに今のアメリカの政策決定者たちだけは知らない。彼らは、アメリカが誇りに思っているインターネットこそ、情報の独占に終止符を打つものであり、同時に覇権を含むすべての権力を終わりにするものでもある、ということを理解していない。アメリカ人は、インターネットを発明し、全世界へ情報スーパー・ハイウェイを推進した時には、このような状況をまったく予想しなかったであろう。

情報が独占されるか独占が破られるかは、権力が守られるか他者へ移行されるかを決める。これは原理でありまた潮流でもある。したがって、社会が大きく揺れる時期に、権力が移行するか否かは潮流次第であり、権力の運営（戦略や策略）が上手か下手かによるものではない。上手なあるいは下手な戦略と策略は、権力の移行を遅らせるか加速することはできるが、権力移行の潮流を変えることはできない。とくにインターネットが普及した今日では、潮流はすでに形成されてしまっていて、誰も変えることはできない。したがって、一国だけの覇権を求めるか、それとも国際社会の多極化を求めるかという重大な課題においては、インターネットは生まれつきの「中心からの分散化」という特性をもって、多極化の忠実な味方として、権力の移行を推進していくであろう。

このように歴史の方向が明らかになった今、中国は、アメリカと権力を争い、相手の真似をしているうちに、うっかりして帝国の道に踏み込んでしまう、ということを決してやるべきではない。これは中国の歩む道ではなく、中国にはもっとすばらしい未来があるはずである。そして中国は自分のもっとすばらしい未来を世界の人々と分かち合うべきである。そのために中国はまず自分を変える必要がある。新しい生産方式の推進によって新しい交易方式をつくり、それに基づいて中国の価値観を確立し、自分の生存方式と生活様式を変えていく。さらに中国人自らの心に刻みながら、世界の人々にも認められる信頼関係および信用システムを築く。その上で、すべての中国人ないし全人類に共通する新しい文明の理論や基本価値を創出する。これこそ、インターネットがもたらす人類社会の歴史的潮流を、心を込めて迎える姿勢である。いうまでもなく、この潮流に向かって邁進《まいしん》する国は中国だけではない。しかし、最終的にゴールインできる者は上述の一連の競争で高いスコア、ないし満点を取った者に限られる。私の唯一の願いは、運命の神様が中国に微笑むことである。

２０１５年12月15日

注

1　1944年7月、アメリカのニューハンプシャー州のブレトンウッズで連合国44か国が参加した連合国通貨金融会議が開かれ、「ホワイト案」をもとに『連合国通貨金融最終議定書』がまとめられ、「国際通貨基金協定」と「国際復興開発銀行協定」が締結された。これは『ブレトンウッズ協定』と総称され、金本位制度崩壊後につくられた二番目の国際通貨体制になる。この体制では米ドルは金との交換が保証され、アメリカは公定価格でドルと金の交換を義務付けられる。これによって米ドルは戦後国際通貨体制の基軸通貨となり、金の等価物とされた。各国の通貨は米ドルを通してはじめて金との交換ができ、35米ドル＝1オンスの公定価格で金に交換することができる。米ドルはこうして国際決済の支払い手段および各国の主要備蓄通貨となった。

2　ヴォルデモート卿《きょう》：イギリスの小説家J・K・ローリングの作品『ハリー・ポッター』シリーズに登場する闇の魔法使い。最後に正義を代表するハリー・ポッターたちによって殺害される。

3　ポンジ・スキーム：金融業の投資詐欺に対する呼称で、ピラミッドスキームの源流である。チャールズ・ポンジという投機の詐欺師が「発明」した商法。違法なネズミ講組織の多くがこの方法を利用して資金を集める。ポンジ・スキームは中国では「東の壁を取り壊して西の壁を修繕する」、「素手で白い狼を捕まえる」こととも言われる。簡単にいえばすなわち、新規投資家のカネをもって以前の投資家に利息や短期の配当金を支払い、儲《もう》かっているかのような偽りの現象に見せかけて、さらに多くの投資を騙《だま》し取る、という手法である。

4　マイケル・ハドソン、アメリカの経済学者。1972年、アメリカ政府に研究レポート『金の非貨幣化の影響』を提出し、米ドルを中心とした世界金融システムの形成に大きな影響を与えた。

5　この状況については、中国系アメリカ人の経済学者廖子光氏の著書『金融戦争』（中央編訳出版社、2008年4月）に書かれている。廖子光氏は、良識がありながらもアメリカの経済学者の間で疎まれるマイケル・ハドソン氏を中国の読者に紹介した最初の人である。

6　この取引については、最初は廖子光氏の著書『金融戦争』に書かれていたが、その後、キッシンジャー博士の『中東日記』にも記述され、本当であることが見事に証明された。

7　岩本沙弓：日本の著名な金融コンサルタント、経済評論家。日本およびアメリカ、カナダ、オーストラリア等の金融機関に勤務、国際金融市場の仕組みや運営に精通している。金融専門誌『ユーロマネー』で「優秀ディーラー」に選出される。著書には『円高円安でわかる世界のお金の大原則』、『為替《かわせ》と株価でわかる景気の大原則』などがある。

8　プラザ合意：20世紀80年代初期、アメリカの財政赤字が急増し、貿易赤字が大幅に増えた。アメリカはドル安を通して輸出製品の競争力を強め、国際収支の不均衡状況を改善しようとした。1985年9月22日、アメリカ、日本、西ドイツ、フランス、イギリスの先進5か国（略称G5）の財務相および中央銀行総裁がニューヨークのプラザホテルで会議を開き、5か国協同で為替市場に介入し、米ドル対ほかの基軸通貨の為替レートを安定的に下げるように誘導し、アメリカの巨額の貿易赤字問題を解決することに合意した。合意はプラザホテルで調印されたため、別称「プラザ合意」と呼ばれる。「プラザ合意」調印後、上述の5か国が協同で為替市場に介入して米ドルを大量に放出したことにより、市場の投機家たちも一斉に米ドルを投げ売りするドミノ現象が発生し、米ドルの大幅な暴落を引き起こした。3年も経たないうちに、米ドル対日本円の為替レートが約半分も下落した。言い換えれば、日本円は2倍に上がった。

9　データは戚燕傑の著書『大道争峰美元夢』より引用。

10　量的緩和（Quantitative Easing）：中央銀行がゼロ金利あるいはゼロに近い金利政策を実施してから、国債など中長期の債券の購入を通して、マネタリーベースの供給を増やし、市場に大量の流動性を注入して市場介入を行うこと。支出と貸借を奨励する。間接的に紙幣を増刷することとも言われる。

11　この悲劇の歴史の道のりについては、『レーガン政権はいかにしてソ連を崩壊させたのか』という本に詳細に書かれている。新華出版社、２００１年。

12　この時期のことについては、吉川元忠《きつかわもとただ》氏が著書『マネー敗戦』で非常に深い論述と反省をしている。

13　「回転ドア」とはアメリカの政治用語で、政府役人、シンクタンクの研究者、大学の学者、有名な起業家の間で行われる転職を指す。例えば、クリントン政権の財務長官ロバート・ルービンはゴールドマン・サックス社で26年間勤務し、のちにシティバンクの副総裁に就任。ブッシュ・ジュニア政権時の大統領補佐官（経済担当）のスティーブン・フリードマンは以前ゴールドマン・サックス社の共同会長を務めていた。

14　ミルトン・フリードマン：アメリカの著名な経済学者、シカゴ大学教授、シカゴ学派の代表者の一人。マクロ経済学、ミクロ経済学、経済史、統計学を研究領域とし、自由放任資本主義の提唱者として名を知られる。１９７６年ノーベル経済学賞を受賞し、消費分析、貨幣供給理論および安定政策の複雑性などに貢献したとされる。フリードマンの著書『資本主義と自由』は1962年に出版され、政府の役割を最小限にし、経済活動を自由市場に任せることにより、政治と社会の自由を持続することを唱える。

15 ハジュン・チャン（張夏準）、1963年生まれ、韓国の代表的な開発経済学者、経済政策に関する著書が多数ある。2002年に出版された著書『はしごを外せ――蹴落《けお》とされる発展途上国』（Kicking Away the Ladder：Development Strategy in Historical Perspective）は2003年のMyrdal Prizeを受賞し、7か国語に翻訳出版される。彼はまた世界銀行、アジア開発銀行および欧州投資銀行の投資顧問を務め、オックスファム（Oxfam）の職も兼務している。

16 バーゼル規制とは銀行の自己資本比率に関する合意であり、バーゼル銀行監督委員会が資本市場の安定を維持し、国際決済銀行間の不公平な競争を減らし、銀行の信用リスクおよび市場リスクを下げるために、自己資本の比率に対する要求を公表した。1988年に初めて合意が成立し、2004年に改訂されてバーゼルⅡが成立する。2010年9月スイスで、バーゼル銀行監督委員会の会議が開かれ、27の加盟国（のちに28の加盟国）の中央銀行代表は最終的に2017年に『バーゼルⅢ』について合意。日本は1993年にバーゼル合意に参加したが、日本の銀行は自己資本比率が低く、株価の上昇によって大量のオフバランスシート資産が流れ込まなければ、自己資本比率が8％以上というバーゼル合意の基準を満たすことは到底できない。バーゼル規制を満たすために、日本の銀行は国際融資において緊縮政策を講じていた。株式市場のバブル崩壊後、日本の各銀行はオフバランスシート資産が逐年激減し、自己資本の比率もそれにともなって下がったため、国内と国際の融資規模を大幅に縮小しなければならなかった。

17　TPPは「環太平洋パートナーシップ協定」(Trans-Pacific Partnership Agreement)であり、「経済のNATO」ともいわれ、今は世界の重要な多国間の経済協定になっている。その前身は「環太平洋戦略的経済連携協定」(Trans-Pacific Strategic Economic Partnership Agreement, P4)で、APECの加盟国ニュージーランド、シンガポール、チリ、ブルネイの四か国で創設され、2002年から多国間の自由貿易協定を目指した。初めは「アジア太平洋自由貿易圏」と称され、アジア太平洋地域の貿易自由化の促進を趣旨としている。

18　海空一体戦(AirSea Battle; エアシー・バトル、「海空共同作戦」とも訳される)は2009年末にペンタゴンの戦略研究者が打ち出したもので、アメリカの海軍と空軍戦力を統合し、さらにアジア太平洋地域の同盟国と連携して、地域の潜在的な相手を封じ込める、あるいは撃破するという新しい海空共同作戦理論である。

19　ジェレミー・リフキンは著書『限界費用ゼロ社会』において、社会形態の変化を引き起こす二大要素は生産方式の変化とその変化がもたらす交易方式の変化である、と鋭く指摘している。

20　ジョセフ・ナイ：著名な政治学者、ハーバード大学特別功労教授、元アメリカ国防総省次官補。彼は国際関係理論の新自由主義派の代表者であり、最初に「ソフトパワー」という概念を提唱した学者として広く名を知られる。代表作は『パワーと相互依存』、『国際紛争　理論と歴史』、『アメリカへの警告：21世紀国際政治のパワー・ゲーム』（『The Paradox of American Power』）。

訳者あとがき

本書『帝国のカーブ』を語る前に、まず『超限戦』（角川新書）という本に触れる必要があるかも知れない。『帝国のカーブ』の著者・喬良氏は１９９９年に出版された『超限戦』によって、世界的に注目され、著名な軍事理論家として高く評価された。『超限戦』は日本語のほかに英語、フランス語、イタリア語、スペイン語、ロシア語、韓国語、ベトナム語などで翻訳出版され、また、将軍を輩出するアメリカの名門校・ウエストポイント陸軍士官学校や海軍大学校の教科書にも選ばれた。

昨今の世界情勢がますます不穏になったこともあり、「超限戦」という言葉は日本でも広く知られ、常に話題に挙げられるようになった。少し前から、アメリカ発の「ハイブリッド戦」という言葉が日本に伝えられ、頻繁に語られているようであるが、ウィキペディアの解釈などによれば、実はこれも「超限戦」をもとに作られた用語である。

喬良氏は21世紀の世界情勢や軍事動向を鋭く洞察し、超限戦の時代の到来を警告した。では、誰が超限戦を「開発」し実行しているのかについては、本の中ではアメリカ、アメリカ人、アメリカ企業、アメリカ軍などがその主体とされている。そもそもこの世界では、超限戦を展開する実力を持つ国はアメリカ以外にはなく、金融戦、貿易戦、法律戦、世論戦、情報戦などなど、どれを取ってみてもアメリカのお家芸ばかりである。

『超限戦』の出版から17年近くの歳月を費やして、喬良氏はさらに本書『帝国のカーブ』を世に問うた。『超限戦』の延長線上に位置付けられるものと言えよう。さまざまな戦法の中で、著者はとくに効果絶大な金融戦に注目し、アメリカがいかに米ドルの覇権を利用して、世界各国で「羊毛刈り」をしてきたかを調べ、報告と分析をした。

「羊毛刈り」とはなにか？　今、中国では喬良氏の「羊毛刈り」説は「人口に膾炙《かいしゃ》する」ほどの流行語になっている。その意味の詳細については、本書をお読みになってご理解いただくこととしよう。

では次に「帝国のカーブ」の「カーブ」とはなんだろうか？　帝国の上昇、繁栄、衰退、そして終焉《しゅうえん》という歴史的法則のことを指すのである。アメリカ帝国もこの法則から逃れることはできないと著者は力説している。自分としてはとくに大変驚きを覚えたのは、金融帝国への発展はアメリカ帝国の最高かつ最後の段階であり、今後は必ず衰退の一途をたどり、30年～50年後には、この帝国は終焉を迎えるだろうという著者の「予言」である。

かつて『超限戦』は、ニューヨークの世界貿易センタービルへのテロ襲撃を予言し的中したことで、世界を驚かせた。それに比べて今回の予言は次元が違う。歴史の法則に基づくものであるから、現実となる蓋然《がいぜん》性が高いはずだ。さらには、アメリカ帝国の終焉は地球規模の地殻変動をもたらす大事件だから、聞き流すだけで済むようなことではない。果たしてそうなるだろうか？　30年～50年の長期的な視点をもって、そこまで長生きできなくても、気持ちとしては、一体どんな結果になるかを見届けたいものだ。

言うまでもなく、読者にはそれぞれ異なる立場があり、本書をどう解読するかは、「仁を重んずる者は仁を見、智を重んずる者は智を見る」（『周易』より引用）。訳者としてはさまざまな立場の読者に一つの重要な視点を提供することは、とても有益であると信じている。

本書は前作の『超限戦』と同様に内容も言葉の表現も難解で、翻訳には大変な苦労を要した。ネイティブチェックは石井《いしい》純世《すみよ》氏と劉絢《りゅうあや》氏にお願いした。ここに両氏に感謝の意を表したい。また、企画から編集や翻訳原稿の校閲に至るまで、本書の翻訳出版全般にわたり、株式会社KADOKAWA学芸ノンフィクション部の菊地悟《きくちさとし》氏に大変お世話になった。ここに併せて厚くお礼申し上げる。

訳者　劉琦

2023年5月20日

27. [美] 廖子光. 金融战争 [M]. 林小芳，查君红，译. 北京：中央编译出版社，2008.
28. [美] 迈克尔·赫德森. 金融帝国：美国金融霸权的来源和基础 [M]. 林小芳，嵇飞，译. 北京：中央编译出版社，2008.
29. [美] 科恩，德龙. 影响力的终结 [M]. 杨涛，译. 北京：中信出版社，2010.
30. [美] 安德鲁·巴塞维奇. 华盛顿规则 [M]. 于卉芹，译. 北京：新华出版社，2011.
31. [美] 巴里·埃森格林. 嚣张的特权 [M]. 陈召强，译. 北京：中信出版社，2011.
32. [美] 哈奇格恩，萨特芬. 美国的下个世纪 [M]. 张燕，单波，译. 北京：社会科学文献出版社，2011.
33. [美] 大卫·格雷伯. 债：第一个5000年 [M]. 孙碳，董子云，译. 北京：中信出版社，2012.
34. [美] 西恩·麦克米金. 一战倒计时 [M]. 何卫宁，译. 北京：新华出版社，2013.
35. [美] 本·斯泰尔. 布雷顿森林金融战 [M]. 符荆捷，陈盈，译. 北京：机械出版社，2014.
36. [美] 弗朗西斯·福山. 历史的终结与最后的人 [M]. 陈高华，译. 桂林：广西师范大学出版社，2014.
37. [美] 米尔顿·弗里德曼，施瓦茨. 美国货币史(1867—1960) [M]. 巴曙松，等译. 北京：北京大学出版社，2014.
38. [美] 彼得·哈特. 世界大战—1914-1918[M]. 何卫宁，译. 北京：新华出版社，2014.
39. [美] 希勒. 非理性繁荣 [M]. 李心丹，译. 北京：中国人民大学出版社，2014.
40. [英] 尼尔·弗格森. 货币崛起 [M]. 高诚，译. 北京：中信出版社，2009.
41. [英] 李德·哈特. 第一次世界大战战史 [M]. 林光余，译. 上海：上海人民出版社，2010.
42. [英] 保罗·肯尼迪. 大国的兴衰 [M]. 王保存 等. 北京：中信出版社，2013.
43. [英] 比伦特·格卡伊，瓦西里斯·福斯卡斯. 美国的衰落 [M]. 贾海，译. 北京：新华出版社，2013.
44. [日] 岩本沙弓. 别上美元的当 [M]. 崔进伟，承方，译. 广州：广州经济出版社，2011.
45. [法] 托克维尔. 旧制度与大革命 [M]. 王千石，译. 北京：九州出版社，2012.

参考文献

1. [英] 尼尔·弗格森. 战争的悲悯 [M]. 董莹，译. 北京：中信出版社，2013.
2. 陈雨露，杨栋. 世界是部金融史 [M]. 北京：北京出版社，2011.
3. [英] 尼尔·弗格森. 纸与铁 [M]. 董莹，译. 北京：中信出版社，2011.
4. [德] 丹尼尔·艾克特. 钱的战争 [M]. 许文敏，李卡宁，译. 北京：国际文化出版公司，2011.
5. 金圣荣. 贸易战 [M]. 北京：电子工业出版社，2011.
6. [英] 尼尔·弗格森. 金钱关系 [M]. 唐颖华，译. 北京：中信出版社，2012.
7. 张欣尧. 好懂的世界格局 1：美国的崛起 [M]. 南京：凤凰出版社，2013.
8. [美] 詹姆斯·里卡兹. 全球货币战 [M]. 李建涛，等译. 北京：军事谊文出版社，2013.
9. 王建，等. 新战国时代 [M]. 北京：新华出版社，2004.
10. [美] 彼得·施魏策尔. 里根政府是怎样搞垮苏联的 [M]. 殷雄，译. 北京：新华出版社，2001.
11. 宋鸿兵. 货币战争 [M]. 北京：中信出版社，2007.
12. 芦菁. 我在美联储监管银行 [M]. 北京：清华大学出版社，2007.
13. [美] 弗兰克·帕特诺伊. 诚信的背后—摩根士丹利圈钱游戏黑幕 [M]. 邵琰，译. 北京：中国现代出版社，2005.
14. [英] 塞缪尔·亨廷顿. 文明的冲突与世界秩序的重建 [M]. 周琪，等译. 北京：新华出版社，2010.
15. [日] 吉川元忠. 金融战败 [M]. 彭晋璋，译. 北京：中国发展出版社，1999.
16. [美] 约翰·珀金斯. 一个经济杀手的自白 [M]. 杨文策，译. 广州：广东经济出版社，2006.
17. [美] 希亚特. 帝国金钱游戏 [M]. 王少国，译. 北京：当代中国出版社，2010.
18. [美] 约瑟夫E·斯蒂格利茨. 不平等的代价 [M]. 张子源，译. 北京：机械工业出版社，2013.
19. [韩] 张夏准. 富国陷阱：发达国家为何踢开梯子 [M]. 肖炼，译. 北京：社会科学文献出版社，2009.
20. 时寒冰. 未来二十年，经济大趋势（现实篇）[M]. 上海：上海财经出版社，2004.
21. 张捷. 霸权博弈 [M]. 太原：山西人民出版社，2010.
22. 张五常. 货币战略论 [M]. 北京：中信出版社，2010.
23. 时寒冰. 时寒冰说经济大棋局，我们怎么办 [M]. 上海：上海财经大学出版社，2011.
24. 徐弃郁. 脆弱的崛起 [M]. 北京：新华出版社，2011.
25. 张捷. 信用战：全球历史演进元规则 [M]. 太原：山西人民出版社，2012.
26. 张捷. 定价权：敲开金融霸权的内核 [M]. 北京：中国发展出版社，2014.

喬 良（きょうりょう）

元中国人民解放軍国防大学教授、退役空軍少将、著名な軍事理論家、作家。魯迅文学院、北京大学卒業。文学作品や軍事・経済理論の著書は600万字を超え、詩・小説・ノンフィクション文学・演劇脚本・映画脚本・TVドラマ脚本・エッセイ・文学評論・軍事理論・国際問題など多岐多彩な作品を数十年にわたり発表し続けている。1980年代に第４回全国優秀中編小説賞を受賞して以来、第２回八一文学賞、第１回人民解放軍新作賞など多数の文学賞を受賞し、中国文壇の新鋭作家としての地位を確立。99年に王湘穂氏との共著『超限戦』を発表し、全世界に大きな衝撃を与える。アメリカのウエストポイント陸軍士官学校の必読書に指定され、海軍大学校の教科書に選ばれたほか、アメリカ陸軍の最新作戦条例にも記載される。また、アメリカのトランプ前大統領時代のホワイトハウス首席戦略官スティーブン・バノン氏から、「クラウゼヴィッツ以来の最も意義のある戦略書」と絶賛され、「ハイブリッド戦争」理論を共同提案したアメリカ海兵隊大将・国防長官であったジェームズ・マティス氏と海兵隊退役大佐フランク・ホフマン氏に、ハイブリッド戦争理論の創始者として認められている。

劉 琦（りゅうき）

中国北京市出身。北京第二外国語大学日本語学科卒業、上智大学大学院文学研究科博士後期課程修了。大学教員、中央官庁勤務を経て、現在翻訳・著述業。訳書に『超限戦 21世紀の「新しい戦争」』（角川新書）など。

装丁　國枝達也

帝国《ていこく》のカーブ
「超限戦《ちょうげんせん》」時代《じだい》に見《み》るアメリカの「金融戦《きんゆうせん》」の本質《ほんしつ》

2023年9月21日　初版発行

著者／喬良《きょうりょう》
訳者／劉琦《りゅうき》

発行者／山下直久

発行／株式会社KADOKAWA
〒102-8177　東京都千代田区富士見2-13-3
電話　0570-002-301(ナビダイヤル)

印刷所／大日本印刷株式会社

製本所／本間製本株式会社

●お問い合わせ
https://www.kadokawa.co.jp/（「お問い合わせ」へお進みください）
※内容によっては、お答えできない場合があります。
※サポートは日本国内のみとさせていただきます。
※Japanese text only

定価はカバーに表示してあります。

ISBN 978-4-04-110865-9　C0098